做人太老實
小心被人吃得死死

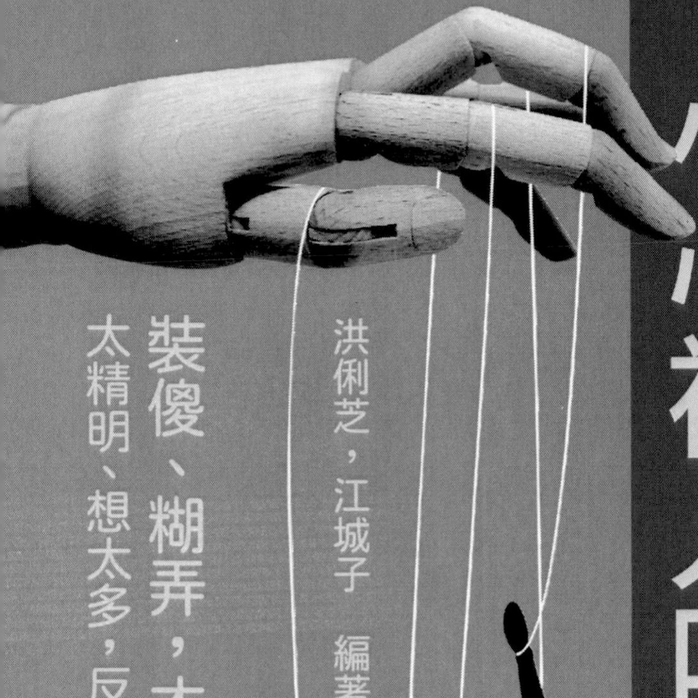

裝傻、糊弄，才叫大智慧？
太精明、想太多，反而不小心誤入陷阱！

洪俐芝，江城子 編著

……聽話；
……也沒有過得比較好？
清醒一點吧！大人們沒告訴你的是：
老實的人不一定會吃虧，但吃虧的人一定是太過老實的人！

崧燁文化

目錄

目錄

前言

第一章：老實人靠什麼在社會立足？

第二章 要老實，不要固執

目錄

目錄

第四章 聰明應對各種變局

第五章 緩解壓力的藝術

目錄

第六章　走向成功並不難

第七章 老實人辦事的法寶

目錄

前言

最近聽到一個有趣的故事，講的是小張對小李說：「你這個人真老實。」小李聽了勃然大怒，認為小張在罵自己是個笨蛋。小張見小李生氣了，連忙改口說：「這是別人的看法，不過我覺得你並不老實。」小張原以為小李聽了他這句話，臉上會多雲轉晴，但誰知小李更加生氣，上前揪住小張的衣領，非要小李解釋：「你憑什麼說我不老實？我究竟對你做過什麼？害你損失什麼？」

小張原本想誇小李幾句，卻莫名其妙得罪了小李。問題出在哪裡？其實，小張誇獎小李，錯就錯在用「老實」兩個字。「老實」的人似乎是個笨蛋，而「不老實」的人則是一個壞蛋。在現代人的語境中，本來是褒義的「老實」一詞，竟散發出褒貶難定的曖昧氣息，實在是一個黑色幽默。

現在，許多父母從小就教育自己的小孩：「人老實了不好啊，在這個社會裡容易被欺負啊，人老實了只會被欺負。」而等到小孩上學讀書，老師又教他要做老實人。到底誰對呢？

這是一個凸顯自我的時代。沒有人願意當老實的「笨蛋」，也沒有人想當不老實的「壞蛋」。因此，做人要老實，但又不要過於老實，否則就易被人斥之為「迂腐」或「笨」。老實而聰明是一個難題，但卻是可以做到的。其總體原則是「老實做人聰明做事」。老實做人，是說做人要有原則，要遵守道德標準和社會規範；聰明做事講的則是處世方法。本書的編寫，正是緊緊圍繞這個原則，試圖在「老實」和「聰明」之間，尋找一個最佳的平衡點。

一旦你學會把「老實」用在「聰明」的地方，你也就自然提升了自己的影響力，你會發現生命是如此豐贍，你將享受到一種雙贏的人生！

編者

第一章：老實人靠什麼在社會立足？

一個人想要得到他人的認同和信任，除了言行，就是做事的態度和原則，哪怕是再小的事都會有另一種可能。

舉個例子，有個園丁在某個商人家中的花園裡工作。這個花園非常出名，裡面種著許多珍奇的果樹和美麗的花卉。

有一天，商人來到花園裡。他看見一串串成熟的果子，非常高興，把園丁叫到身邊，吩咐說：「幫我摘些最好吃的果子來！」

園丁覺得什麼果子好，就摘什麼果子，一會兒就把摘下的果子都擺在商人的面前。商人拿起一個果子一嘗，就丟掉了；又拿起一個果子，剛咬一口就吐了出來；第三個果子也不能吃。這個商人發火了，他厲聲質問：「你這個笨蛋！摘的果子都那麼酸，那麼澀！哪些樹上的果子是酸的，哪些樹上的果子是甜的，難道你連這些都不知道？」

園丁低下了頭，像犯了什麼滔天大罪似的。他沉默了許久，然後向商人鞠躬，低聲說：「老闆，我的責任是用心照看果木花草。我拿了您的錢，老老實實地做自己的事。我真的不知道哪些樹上的果子是酸的，哪些樹上的果子是甜的，因為我從來沒有嘗過。我若嘗過就是不守本分了。」

聽了園丁的這番話，商人的火氣不但全消了，而且轉怒為喜，對園丁的老實十分贊許，還給了他一大筆獎金。

給人方便，自己方便

老實人遇事常讓人一步，待人接物抱持著真誠的態度。讓人一步，也為自己以後進一步留下了餘地。真誠待人，終究會「精誠所至，金石為開」，對方一旦敞開心扉，也會為你帶來無盡的好處。

一年冬天，年輕的哈默隨一群同伴來到美國南加州一個名叫沃爾遜的小鎮，在那裡，他認識了善良的鎮長傑克遜。正是這位鎮長，對哈默後來的成功影響巨大。

那天下著小雨，鎮長家門前花圃旁邊的小路多了不少泥巴。於是行人就從花圃裡穿過，弄得花圃一片狼藉。哈默不禁替鎮長痛惜，於是不顧寒雨淋身，獨自站在雨中看護花圃，請行人從泥巴中走過去。

這時鎮長滿面微笑地從外面帶回一袋煤渣，從容地把它鋪在泥巴上。結果，再也沒有人從花圃裡穿過了。鎮長意味深長地對哈默說：「你看，給人方便，就是給自己方便。我們這樣做有什麼不好？」

是啊，給人方便就是給自己方便。每個人的心都是一個花圃，每個人的人生之旅就好比花圃旁邊的小路，而生活的天空有時風和日麗，有時風霜雪雨。那些在風雨中踽踽前行的人們如果能有一條可以順利通過的路，誰還願意去踐踏美麗的花圃，傷害善良的心靈呢？

後來，哈默在艱苦的奮鬥下成為了知名企業家。一天深夜，他在一家飯店門口被記者攔住，記者問了他一個敏感的問題：「為什麼前一陣子你們公司對其他國家的出口量減少了，而你們最大的對手卻略有增加？」

哈默聽了記者這個尖銳的問題，沒有立即反駁他，而是平靜地回答道：「給人方便就是給自己方便。那些想在競爭中出人頭地的人如果知道，關照別人需要的只是一點點的理解與大度，卻能贏來意想不到的收穫，那他一定會後悔。給人方便，是一種最有力量的方式，也是一條最好的路。」

這種「給人方便，自己方便」的精神，無論是安身還是立命，是經商還是致富，都是老實人立於不敗之地的法寶。

不遮掩自己的弱點

觀看國外的電視廣告時，我經常會被一些風格獨特的節目所吸引。反之我常在家中看見的商業廣告，通常只是強調商品與服務的優點，很少涉及消極的內容，而國外的某些廣告則反其道而行之。

「喝了這種啤酒，也不會變得幸福，只會讓你感到幾分愜意。喜歡的話，請您品嘗。」

「您不一定喜歡坐車，但是如果一定要用車的時候，請選擇這個牌子。」

這種適當暴露缺點的廣告方法，常能博得消費者的歡心。

一些觀眾對天花亂墜式的商業廣告不屑一顧，認為廣告誇大其詞使人難以分辨的內容太多。所以，如果想要改變他們那種冷淡的心理，用上述老老實實的廣告方法就會非常有效。廣告創意人員也應該充分了解到許多人對坦誠、如實的介紹方式是抱有好感的。

一味地宣傳自己如何高明，這就和強加於人的商業廣告一樣，會遭人討厭。這種做法不僅幾乎毫無效果，而且還會招致別人的反感。特別是在氣氛劍拔弩張的場合當中，如果過於表明自己帶有主觀意識的見解，那麼就會引起眾人的反感，甚至還會遭到大多數人的強烈攻擊。

幾年前我出席了一個會議，遇到了非常有趣的情景。發言人正在針對產品開發的計畫進行說明，但在中途他意識到了潛在的矛盾，於是，就向與會者如實介紹這些矛盾。這位發言人是一位三十歲上下的年輕人。

「請允許我重新整理資料，然後提交給各位，實在非常抱歉。」說完，他便低下了頭。

這時，負責人站出來說：「重新整理資料也可以，但你的想法本身不也很獨特嗎？希望各位務必從這樣的角度考慮一下。」

透過適當的貶低自己來收到預期效果，我們不得不承認這樣的人十分精通心理學。他以坦誠為難的表情和誠心誠意的道歉獲得了眾人的好感。

過分地堅持自己的意見，有時會導致因脫離現實而自吹自擂。你愈是拚命地宣傳自己，與會產生反作用，最終成為眾矢之的。

對美國憲法的制定作出貢獻的政治家班傑明．富蘭克林（Benjamin Franklin），在費城召開的制憲會議上的演講，時至今日仍然具有重要的參考價值。

由於美國是眾多人種及宗教匯集的國家，所以在制憲會議的會場上，贊成派與反對派的唇槍舌劍近乎沸騰。在這之中，情緒激動的與會者彼此言語攻擊，使雙方瀕臨決裂的邊緣。作為憲法贊成派的富蘭克林，在登上講臺時，也遭到了反對派的強烈攻擊和嘲笑。

但是，他的話音一起，混亂的會場立即安靜下來，他的第一句話是這樣的：

「各位先生，說實在的，我個人並不十分贊成這一憲法。」由於作為憲法贊成派的主管人富蘭克林也聲稱並不完全贊成，這對反對派來說，是意想不到的，他們有些掃興了，於是奚落和嘲諷停了下來，而且，他們變得樂於傾聽他的演講了。

於是，富蘭克林沉著地掌握分寸，繼續說道：

「儘管如此，我不相信這一憲法難以獲得眾人的贊同。或許大家和我一樣，對它的細微之處存在著異議，但是，難道我們不能夠一方面保留個人意見，一方面從大局出發，簽名贊成這一草案嗎？」

以這場演講為轉折，反對派的強硬態度減弱了，美國憲法也隨之應運而生。

一般人認為，講出自己的過失和弱點，就等於給予了對手攻擊的機會，會招致對方的猛烈攻擊。其實，無論是生活還是工作中，只要出現糾紛，相互的不信任感就會隨之產生，而用貶低自我的策略重新獲得一定程度上的相互信任，這樣會收到良好的效果。

隱藏自己的智慧

想要聰明做人，就必須記住，哪些行為會讓你變得更好，又有哪些行為會讓你變得更糟。

王小姐剛到公司的時候，最喜歡吹噓自己以前在工作方面的成績，以及自己每一個成功的地方。同事們非常討厭她的自我吹噓。儘管她所說的都是千真萬確的事實，但她與同事們的關係仍然因此變得僵硬、尷尬，為此，王小姐很煩惱，甚至無法在公司裡繼續工作。

事後，王小姐不得不向一位大師請教。這位大師在聽了她的講述之後，認真地說：「唯一的解決方法，就是隱藏自己的聰明以及所有優越的地方。他們之所以不喜歡妳，僅僅是因為妳比他們更聰明，或者說妳常常炫耀自己的聰明。在他們的眼中，妳的行為就是故意炫耀，而他們的心裡難以接受。」王小姐頓時若有所悟。她回去後按照大師的話要求自己，開始嘗試用認真的態度傾聽公司其他人的談論。很快，公司同事們就改變了對她的態度，慢慢地，她的人際關係也有顯著的改善。

根據心理學家分析，當自己表現得比旁人更聰明和優越時，旁人就會感到自卑和壓抑；相反，如果我們能夠收斂與謙虛一點，讓旁人感覺到自己比較重要時，他就會對你和顏悅色，也不會嫉妒你了。

把自己的聰明隱藏起來，可以減少競爭對手，還可以避免與別人發生不必要的爭鬥。我們經常說：「樹大招風」或「人怕出名豬怕肥」，也是這個道理。

無論你採取什麼方式指出別人的錯誤，一個蔑視的眼神，不滿的腔調，一個不耐煩的手勢，難以讓人舒心的臉色……都可能帶來災難性的後果。你認為對方會認同你嗎？絕對不會！因為你否定的不是一件事，而是對方的能力和智慧。所以多數情況下，對方非但不會改變自己的看法，還會開始反擊。

古希臘著名哲學家蘇格拉底一再告訴他的門徒：「你只知道一件事，就是一無所知。」學會隱藏自己的聰明，你就是一個聰明的老實人。

該低頭時要低頭

狂風掃過的原野一片狼籍，連高大偉岸的橡樹也被攔腰折斷。然而蘆葦卻堅強地活了過來，在微風中跳起了輕快的舞蹈。狂風以橫掃一切的氣勢，將橡樹折斷，卻沒有傷害到纖細的蘆葦，究竟是什麼原因？原來，蘆葦在狂風來臨時，將自己的身子一再放低、放低……幾乎與地面平行，使颶風加在自己身上的力量減少到最低，因而得以保全自己。而橡樹，仗著自己有堅實的腰板，不肯放下自己的身段，最終免不了被吹折的命運。

可見，「低頭」是一個人可以減少攻擊的不二法門。

舉個例子，有一次一位氣宇軒昂的年輕人，昂首挺胸，邁著大步去拜訪一位德高望重的前輩，不料，一進門，他的頭就狠狠地撞在了門框上，疼得他一邊忍不住地用手揉搓，一邊看著比他的身子矮一大截的門。恰巧，這時那位前輩出來迎接他，見之，笑說：「很疼嗎？可是，這將是你今天來訪問我的最大收穫。」年輕人不解，疑惑地望著他。「一個人要想平安無事地生活在世上，就必須時刻記住：該低頭時就低頭。這也是我要教你的事情。」前輩平靜地對年輕人說。

這位年輕人把這次拜訪得到的教導看成是一生最大的收穫，並把它作為人生的生活準則去遵守，因此受益終生。後來，他成為功勳卓越的一代偉人。

人生要歷經千萬坎坷，敞開的大門有時並不適合我們行走，有時甚至還有人為的障礙。若一味地趾高氣揚，到頭來，不但被拒之門外，而且還會被撞得頭破血流。學會低頭，該低頭時就低頭，巧妙地穿過人生荊棘，它既是人生進步的一種策略和智慧，也是立身處世不可缺少的風度和修養。

蘇東坡在〈留侯論〉中有這樣一段話：「天下有大勇者，卒然臨之而不驚，無故加之而不怒，此其所挾持者甚大，而其志甚遠也。」這也算得上是對學會低頭的另一種注解吧。

多審視自我

許多人都會為自己的過失辯護，但是老老實實認錯卻可使對手諒解，他不再挑你的刺，甚至反省自己，使雙方意見比較容易達成一致。

一九六四年，日本輕型電器業界因受經濟不景氣的影響而動盪不安，於是松下電器公司緊急召開了全國銷售會議。當時松下董事長自任議長，面對一百七十家有力的銷售公司，在三天會議中彼此坦誠相待、交換意見。

由於會議反映出經濟不景氣的狀況，所以空氣中充滿了火藥味。在一百七十多家公司中，只有二十多家經營良好，其他約有一百五十家的經營出現極嚴重的虧損。「有什麼意見都可以說出來。」松下議長一語未了，某銷售公司的經理立即發洩不滿：「到了這種地步，主要在於松下電器的指導方針太差，作為公司的負責人一點都不檢討自己是否有不足之處……」松下先生反駁道：「我方的指導當然有誤，可是再怎麼困難也還有二十幾家同仁獲利。各位不覺得你們太缺乏獨立自主的精神，太依賴他人，以至於招致今天的後果嗎？」

「還談什麼精神，我們今天來的目的不是聽你說教，是為了賺錢！」也有人這麼直白地反唇相譏。

兩天的會議中，松下先生就站在臺上不斷地反駁他們的意見，而他們也立即反擊，大罵松下公司。就在會議即將結束，決裂的局面即將出現時，情況發生了轉折。

第三天最後一次會見，松下先生走到臺上：「過去兩天的時間，大家相互指責，該說的都說了，我想沒有什麼好說的了。不過，我有些感想，想對大家說。過去的一切，走到今天這個地步，所有責任我們要共同承擔。松下電器有錯，身為最高負責人的我在此衷心向大家致歉。今後將會繼續精進，讓大家能穩定經營，同時考慮大家的意見，不斷改進。最後，請原諒松下電器的不足之處。」說完，松下先生向大家鞠躬。突然間，出現了不可思議的現象——整個會場頓時靜了下來，每個人都低著頭，半數以上的人還拿出手帕擦淚。「請董事長嚴加指導。我們缺點太多了，應該反省，也應該多加油！」隨著臺上的松下先生低頭認錯，臺下的人個個愧疚難當，隨後又相互勉勵，發誓要奮起振作。

很多人在受到指責時，第一反應往往是直接針對指責進行辯解。但辯解的內容總容易被安上「狡辯」的罪名，愈是撇清自己，就愈容易被認為是「狡辯」。然而，不管有沒有錯，默認一切，不加辯解又不行。雖說「日久見人心」，但這種策略大概只有在一個比較平和的環境中才真正行得通。在必要的時候低頭，不僅能讓事情的進展更加順利，或許也能因此平息之間的誤會、糾紛。

惡小不為，善小不棄

《三國演義》第八十五回中，提及劉備寫給劉禪的遺詔曰：「勿以惡小而為之，勿以善小而不為。」意思是告誡劉禪，不要認為壞事小就去做，好事小就不做。

春秋時，有一次中山君宴請都城中的士大夫，司馬子期也在座，中山君分羊肉羹時沒有分給他，他一怒之下跑到楚國，勸說楚王討伐中山國。中山君被迫逃亡。

逃亡途中，有兩個人拿著刀尾隨保護他。中山君回過頭來對兩個人說：「你們為什麼要這樣？」這兩人說：「我家有老父，有一次餓得要死，您拿出食物給他吃。在我父親將要死的時候，他曾說：『如果中山君有難，你們一定要以死相報。』因此，我們追隨著您，願為您而死。」

中山君聽後仰天嘆息說：「施恩不在多少，在於對方正當困危之時；結怨不在深淺，在於是否傷了人心。我因為一杯肉羹而使國家滅亡，以一壺飯食得到兩位義士。」

這個故事教導人不可忽視小事。

唐朝大將郭子儀，曾在平定安史之亂中立過大功，後來又平定了僕固懷恩的叛亂，官至太尉、中書令。郭子儀做了大官，每次會客，總是有成群的仕女與姬妾跟著。有一次，下人報告盧杞來見。郭子儀一聽，馬上叫所有陪侍的女子退下。

他的兒子們見了，都很奇怪，便問：「以往父親見客，總是姬侍滿堂，怎麼盧杞來了，父親就趕她們走呢？」郭子儀說：「你們不知道，盧杞這個人長得不好看，家中姬侍見了，肯定會恥笑他。然而盧杞很有才能，但又心胸狹窄，陰險毒辣，要是有一天他得志，為這一笑之仇，我們家會被斬盡殺絕的。」

後來，盧杞果然做了宰相，凡是過去看不起他，得罪過他的人，一律不能免掉殺身之禍。只有對郭子儀的全家，即使稍有不合法的事，他也會偏袒幫忙，認為郭子儀歷來極為敬重他，大有知遇感恩之意。郭子儀因為小心避一時之災，才免除大禍。

戰國時趙國有位禮賢下士、喜交人才的平原君。有一次，有個跛子經過平原君府邸，平原君的小妾看到，大笑起來。第二天，跛子到平原君面前，跪著請求殺了小妾。平原君答應之後，卻認為這個要求太過分而沒有理會，他的門客因此便走了一半。經過查問之下，才知道原來門客們認為平原君重女色，輕士人，於是平原君殺了小妾，親自登門向跛子道歉，門客才陸陸續續的回來。

一笑就真的掉了腦袋，由此可見郭子儀免招笑禍的用心良苦。老實人若能做到郭子儀的境界，又有什麼能撼動他！

處事淡然

我們的生命在茫茫宇宙長河中不過一瞬間，宛若花和朝露一般，盡一生的努力也不過使人類的演變歷史向前推動一小步，由此可知過分看重個人的成敗得失毫無意義。

在宇宙中，我們如此渺小，在生活中，我們也應淡然處之。找一份喜歡的工作，努力去做！定下了這樣的目標和抱負，工作不會缺少績效，人生的意義也由此實現。至於其中的成敗得失，不必看得太重。否則，斤斤計較於成敗或得失者，反而會因此弄巧成拙，影響自己工作的表現。

置「得失」於不顧，工作才會輕鬆而得心應手。不擔心「失」，工作便順利；不看重「得」，可防止停滯不前。所以，孔子有句誡語：「戒之在得」。「得」是「失」的開始，「失」是「得」的結局。唯有將其棄如草芥，不存「得」「失」之想而努力工作的人，才會樂在其中。

哲人莊子講過一個支離疏的故事。作為一個寓言，這個故事說明了禍福相互轉化和得失相倚的道理。

南方楚國有一個人叫支離疏，他的形體是造物主的一個「傑作」，或者說是造物主在心情愉快時開的玩笑，脖子像絲瓜，腦袋形似葫蘆，頭垂到肚子上而雙肩高聳超過頭頂，頸後的髮髻蓬蓬鬆鬆似雀巢，背駝得兩肋幾乎跟大腿並列，如果不仔細看，會很難相信他是一名人類！

支離疏卻暗自慶幸，感謝上蒼唯獨鍾情於他，平日裡樂天知命，舒心順意，日高尚臥，無拘無束，替人縫衣洗衣，足以糊口度日。當君王準備打仗，在國內強行徵兵時，青壯年們各個如驚弓之鳥，四散逃竄。而支離疏偏偏去看熱鬧，他這副尊容誰要呢？所以他才那樣大膽放肆。

當楚王大興土木，準備建造王宮而尋派差役時，庶民百姓不堪騷擾，而支離疏卻因形體不全而免去了勞役。每逢寒冬臘月官府開倉賑貧時，支離疏卻欣然前去，領取米和粗柴，仍然不愁吃不愁穿。

一個在形體上支離破碎的人，尚樂天知命，以自然的心性，安享天年，那麼把這種大智若愚的精髓運用到立身處世中去，難道還不可逢凶化吉嗎？

月滿則虧，水滿則溢。這是世之常理。否極泰來，榮辱自古周而復始。因此，大可不必盛喜衰悲，得喜失悲。

在大得大失、大盛大衰面前，若老老實實、保持著一份淡然的心境，無喜無悲，那可謂是大智大慧者了。尤其是要做到敗不餒，因為吸取學問的最佳時機就在於跌倒之際。時勢造英雄，逆境出人才。

「不以物喜，不以己悲」，在寧靜致遠的心態下，努力，努力，再努力——這便是老實人走向成功的要訣！朋友，讓我們一起努力，走出悲喜的心境，走出人生的低谷，相信前面路上充滿了鮮花和掌聲！

分享榮耀

一個幸福能讓多人分享，就變成了多個幸福。聰明的人深知，獨享榮耀，會為他們的人際關係帶來危機。

工作中當我們取得一些成績，經常會為自己帶來榮耀，而當榮耀到來之時，不同的人會以不同的態度面對它。有些人就是見不得別人好，當別人獲得榮耀時就眼紅，不管他是否參與，總想去分一杯羹，你若不分，就說你的壞話，四處流傳你的謠言。所以，聰明的人能夠借榮耀之手，拉近與同事的距離，贏得尊重，獲得好的口碑，愚蠢的人當榮耀到來之時，則沾沾自喜，自以為是自己的功勞，獨享榮耀，結果為自己帶來了一系列的麻煩。

我有一個在電視臺工作的朋友，很有才氣，主持的節目很受歡迎，有一年還得了大獎。一開始他還很快樂，但過了一段時間，卻失去了笑容。原來電視臺裡的同事，包括他的主管和屬下，都在有意無意地跟他作對，他覺得自己被孤立。

原來他獲獎後，除了大獎委員會頒發的獎金之外，電視臺裡另外給了他一個紅包，並且當眾表揚了他的工作成績。但是他沒有在現場答謝那些曾給予過他協助的同事，事後更沒有任何表示。大家雖然表面上不便說什麼，但心裡卻感到不舒服。

其實就事論事，這個節目之所以能獲獎，我的朋友貢獻最大。不過，當有「好處」時，別人並不會認為他才是唯一的功臣，總是認為自己沒有功勞也有苦勞，所以他獨享榮耀引起別人的不舒服。尤其是他所在部門的主管，更因此不安，害怕失去權力，為了鞏固自己的主管地位，自然要挫挫他的銳氣。

可見，當你在工作上有特別表現而受到肯定時，千萬記住，別獨享榮耀，否則這份榮耀會為你帶來人際關係上的危機。

為了讓這份榮耀為你帶來好處，有幾件事你必須老老實實地去做。

第一，感謝同事的協助。

不要以為這都是自己的功勞。如果實情也是如此，那麼你本就應該心懷感謝。如果同事的協助有限，主管也不值得恭維，你的感謝也有必要，雖然虛偽，但卻表現出了你的謙虛。這種感謝雖然缺乏實質上的意義，但聽到的人心裡都會很愉快，也就不會嫉妒你了。

第二，與別人分享榮耀。

禮多人不怪。別人倒也不是要分你一杯羹，但是你主動地與別人分享卻會讓人有受尊重的感覺。如果你的榮耀事實上也是眾人合力完成，那麼你更不應該忘記這一點。

第三，保持謙卑。

人往往一有了榮耀，就自豪地忘了我是誰，這種心情是可以理解的，但旁人就遭殃了。他們要忍受你的氣焰，卻又不敢出聲，因為你正在風頭上；可是慢慢的，他們會在工作上有意無意地抵制你，讓你碰壁。要避免這些就要努力注意做到兩點：第一，對人要更客氣，榮耀愈高，頭要愈低；以及，往後的日子別再刻意去提你的榮耀。

其實，別獨享榮耀，說穿了就是不要去威脅到別人的生存空間。因為你的榮耀會讓別人變得黯淡，產生一種不安全感，而你的感謝、分享、謙卑，正好讓旁人吃下一顆定心丸。人性就是這麼奇妙！

經常自我反省

為什麼要經常反省？因為人不是完美的，總有個性上的缺陷、智慧上的不足。而年輕人更缺乏社會歷練，常常會說錯話、做錯事、得罪人。反省的目的在於建立一種監督自我的暢通的內在回饋機制。透過這種機制，我們可以及時知曉自己的不足，及時導正不當的人生態度。良好的反省機制是自我心靈的一種「自我清掃系統」。反省是砥礪自我品行的最好磨石，它能使你的分辨力更敏銳，它能使你真正認識自我。

對自己做錯的事，知道悔悟和責備自己，這是敦品勵行的原動力。不反省不會知道自己的缺點和過失，不悔悟就無從改進。

著名作家李奧・巴斯卡力（Leo Buscaglia）寫了大量關於愛與人際關係方面的書籍，影響了很多人的生活。據說，他之所以有這樣卓越的成就，完全得力於父親對他的教育。小時候，每當吃完晚飯時，父親就會問他：「李奧，你今天學了些什麼？」這時，李奧就會把在學校學到的東西告訴父親。如果實在沒有什麼好說的，他就會跑進書房拿出百科全書，學一點東西，告訴父親後才上床睡覺。這個習慣一直到今天還維持著，每天晚上他就會拿十年前父親問他的那句話來問自己，若當天沒學到點什麼東西，他是不會上床的。這個習慣時時刺激他不斷地吸取新的知識，產生新的思想，不斷進步。

無獨有偶，在我朋友的書房裡，赫然醒目地掛著一張條幅：「在飛逝的今天，你為生活留下了什麼？」而且問號寫得特別大。朋友說：「這張條幅像懸在我背脊上的一條鞭子，問號像一把鋒利的鉤，直刺我的心靈。」朋友認為，善待每一天是成功人生的真實寫照。每一天都是描繪成功人生畫卷的一筆，我們必須認真地畫好每一筆。人生也好比一捲長長的底片，每一捲底片記錄著每天的生活態勢。每日反省，就是要省察自己，檢討自己的言行，看一看今天有沒有進步，有沒有要改進的地方。

反省是自我認識水準進步的表現，反省是對自我的言行進行客觀的評價，認識自我存在的問題，修正偏離的行進航線。

曾子云：「吾日三省吾身。」這是聖賢的修身功夫，凡人不易做得到，但時時提醒自己，檢視一下自己的言行卻不是太難的事。一個人有了不當的意念，或做了見不得人的事，可能瞞過任何人，但絕對騙不了自己。人之所以會做對不起別人的事，不單是外界的誘惑太大，更多的是自己的欲念太強，理智屈就於本能衝動。一個常常做自我反省的人，不僅能增強自己的理智感，而且必定知道什麼是自己該做的，什麼是自己不該做的。

許多行業都很注重反省的習慣，以增強行業的凝聚力和工作效率。在西方國家，有一間企業在某天工作結束時，抽出下班前的十分鐘，讓員工集合起來，一起做一次「晚禱」，由主管領頭，朗誦下面幾句話：

「我今天八小時的工作，是否有偷懶的行爲？
我今天的工作是否有任何缺點？
我對今天的工作是否盡了全力？
我今天是否說過不當的話？
我今天是否做過損害別人的事？」

這種方式對於個人來說是過於呆板了些，但其精神可借鑑。對個人來說，方式可以靈活機動些，只要是反省自己，隨時隨地都可以進行。建立自我反省機制是為了反觀自我的不足，以達到提升自我，健全自我和改善自我的目的。

反省的方式還有很多，有人寫日記，有人則靜坐冥想，只在腦海裡把過去的事拿出來檢視一遍。

只要我們都關注自身的發展，我們就不能不認識自我。我是誰？我能做什麼？我做得怎樣？我要到哪裡去？茫茫的人生旅途，我們都必須點燃一盞心燈，時時叮囑自己：「一路走好」。只有這樣，我們才能立於不敗之地。

形圓而不敗

孫子說：「渾渾沌沌形圓，而不可敗也。」

人際交往中也存在著「形」的問題，老實人運用「形圓」戰術，關鍵要懂得「形」的作用，外圓而內方。圓，是為了減少阻力，是方法；方，是立世之本，是實質。

船體，為什麼不是方形而總是圓弧形的呢？那是為了減少阻力，更快地駛向彼岸。人類社會也像大海，交際中處處有風險，時時有阻力。我們是與所有的阻力較量，拚個你死我活，還是圓滑地化解萬難，去爭取最後的勝利？

生活像是在告訴我們，事事計較、處處爭強者，哪怕壯志凌雲，聰明絕頂，如果不懂「形圓」，缺乏駕馭感情的意志，也往往會四處碰壁，一敗塗地。

威名赫赫的蜀國名將關羽，就是一個典型的例子。

若說關羽武功蓋世，沒有人會質疑。「溫酒斬華雄」、「過五關斬六將」、「單刀赴會」等等，都是他的英雄寫照。但他最終卻敗在一個被其視為「孺子」的吳國將領之手。究其原因，是他不懂「形圓」。他雖有萬夫不當之勇，但為人心胸狹窄，不識大體，除了劉備、張飛等極個別的兄弟之外，其他人都不放在眼裡。他一開始就排斥諸葛亮，是劉備說服他；後來又和部下不和。他最大的錯誤是和自己國家的盟友鬧翻，破壞了蜀國「北拒曹操，東和孫權」的基本國策。

在與東吳的多次外交鬥爭中，憑著一身虎膽、好馬快刀，從不把東吳人包括孫權放在眼裡，不但公開提出荊州應為蜀國所有，還對孫權等人進行人格污辱，稱其為「犬子」，使吳蜀關係不斷激化。最後，因為東吳的偷襲，使關羽地失人亡。

明代洪應明所著的《菜根譚》中說：「建功立業者，多虛圓之士」。意思是建大功立大業的人，大多都是謙虛圓活的人。

在現實生活中，人都會面臨許多人際間的矛盾，那到底該如何處理呢？這就得看你的「智慧」了。

退一步海闊天空

會生活的人，並不一味地爭強好勝，在必要的時候，寧肯後退一步，做出必要的自我犧牲。

歷史上有許多這樣的例證。

西漢年間，清河人胡常和汝南人翟方進同在京師研修經書。胡常為官比翟方進早，但名聲地位均不如翟方進，因此在心裡總是嫉妒翟方進的才能。和別人議論時，胡常總是不說翟方進的好話。翟方進知道這件事後，就想了個應付胡常的方法，有意抬舉他。

每當胡常召集門生講習經書時，翟方進就找些疑難問題派自己的門生到他那裡去請教，並一心一意、認認真真地做筆記。如此一來二去，時間長了，胡常明白了，這是翟方進在有意地推崇自己。為此，胡常心中十分不安。慢慢地，胡常再也不在同僚中貶低翟方進了，而是在門生和同僚中對他多有讚揚。最後，他們兩人竟成了親密無間的好友。

翟方進用這種「以退為進」的為人處世策略，逐漸在京師擁有較高的聲譽和良好的人緣。後來，終於登上了丞相的寶座，並且一任就是十年。

以退讓求得生存和發展，這裡蘊含了深刻的哲理。

老子曾說過：「無為而無不為。」意思是說，只有不做，才能無所不做，唯有不為，才能無所不為。為了論證這個道理，老子開展了哲學的思辨：揉捏陶泥做器皿，有了器皿中間的空虛，才有器皿的作用；開鑿門窗造房屋，有了門窗中間的空隙，才有房屋的作用。所以，「有」所給人的便利，完全靠著「無」起作用。

就是說，「無」比「有」更加重要。不僅客觀世界的情況如此，人的行為也如此。人的「無為」比「有為」更有用，更能為人帶來益處。一味地爭強好勝，「有為」過盛，最終只能落得個身敗名裂的下場。

當然，就社會生活而言，積極奮鬥、努力爭取、勇敢爭取、堅持不懈的行為，其價值和意義，無疑是值得肯定的。但應該看到，人生的路並不是一條筆直的大道，面對複雜多變的

形勢，人們不僅需要適時展現自己的鬥志與熱情，更需要擁有沉靜穩定的判斷能力；既需要爭，也應該讓。有為是必要的，無為也是必要的。就此而言，老子的無為思想，具有極其重要的意義。

少解釋，多微笑

一件事情失敗了，為了展現自己真正的能力，大多數老實人開始忙於解釋，向所有目睹甚至了解事情經過的人解釋，說自己當時太緊張了，說自己那天家裡突然發生了一場事故，說當時的外在條件發生了戲劇性的變化。

如果你無意間說錯了一句話，傷害了你的朋友，為了不影響你們之間的友誼，你開始向你的朋友解釋，說你當時昏了頭，絕對不是有意的。

如果你付出了大量的心血，做出了驚人的成績，但卻沒有得到應有的回報，你便開始辯解，希望人們認可你的成績。

人的一生中有許多事情都需要為自己解釋，儘管這些解釋看似非常必要，儘管人們在聽你解釋時會不住點頭，儘管你為自己解釋花去了大量的精力，但最後換來的又能是什麼？是人們的同情，還是人們真正的理解？有時解釋可以消除誤會，但有時解釋不但是多餘的，反而會增加煩惱。我們何必為了自己做錯了一件小事，或是與別人發生了小的誤會而去苦苦糾纏和解釋！時間能做出最好的解釋，事實會做出最公正的回答。

有一次，一位學者去訪問原美國海軍陸戰隊的將軍。這位少將是所有統率過美國海軍陸戰隊的人裡最多姿多彩、也最會炫耀的將軍。學者對少將的處事作風作了尖刻的批評，並將評論刊登在報紙上。但少將卻是一副不在乎的樣子。少將說：「我了解，買了那份報紙的人大概有一半不會看到那篇文章；看到的人裡面，又有一半會把它只當作一件小事情來看；而在真正注意到這篇文章的人裡面，又有一半在幾個星期之後就會把這件事情全部忘記。一般人根本就不會想到你我，或是關心批評我們的什麼話，他們大部分時間裡會想到他們自己，無論是早餐前，還是早餐後，還是一直到午夜時分。他們對自己的小問題的關心程度，要比你或我遇到的大消息更關心一千倍。所以我們還有必要解釋什麼呢？」

少將的態度非常值得我們學習。我們雖然不能阻止別人對我做出任何不公正的批評，我們卻可以做一件更重要的事：我們可以決定是否受到那些不公正批評的干擾。不為無謂的爭執付出更多時間的解釋。當然我們並不是說拒絕接受一切批評，我們只是不要去理會那些不公正的批評。

美國某公司的總裁被人問及，是否對別人的批評很敏感的時候，他回答：「是的，我早年對這種事情非常敏感。我當時急於要使公司裡的每一個人都認為我非常完美。要是他們不這麼想，我就會很憂慮。只要哪一個人對我有些怨言，我就會想方法去取悅他。可是我所做出的討好對方的事情，總會使另一個人生氣。然後等我想要彌補這個人的時候，又會惹惱了其他人。最後我發現，愈想去討好別人，以避免別人對我的批評，就愈會使我的敵人增加。所以最後我對自己說：『只要你超群出眾，你就一定會受到別人的批評，所以還是趁早改掉這個習慣吧。』這一點對我大有幫助。從那以後，我就決定盡我最大能力去做我能做的事情，而不去關注如何改變別人的看法。」

一個教授對他的學生們發表演講時表示，自己所學到的最重要的一課，是一個曾在鋼鐵工廠裡做事的人教他的。那個人和其他工人發生了爭執，被那些人丟到河裡。「當我見到他時，他渾身都是泥巴和水。我問他後來對那些人說了什麼？他回答說：『我只是笑一笑。』」

教授表示，後來他就把這個前輩的話當作他的座右銘——只是笑一笑。

一笑而過，其實是一種大智慧。這種智慧武裝起來的人，比一味辯解的人更能得到他人的諒解、理解與敬重。

敬君子，遠小人

從前有一位聖者，率領門徒出國考察，來到某個地方。這地方原本是一個古國的首都，可是這個國家早已滅亡了。

這位聖者是研究興亡治亂的專家，他立即展開調查訪問。他向一個年紀最大、閱歷最多的人請教：「該國為什麼會滅亡？」

老者搖頭，嘆息。

聖者在一旁溫順地等著，而弟子們在聖者背後肅立著。

良久，那老者說：「亡國的原因是：國君用人只肯任用正人君子。」眾弟子愕然。

接著，那老者繼續說：「好人沒辦法對付壞人。」

俗話說，寧願得罪十個君子，也不得罪一個小人。因為君子做事光明磊落，講究公平競爭，即使與你為敵，也不會耍陰謀詭計。而小人則不擇手段，斬盡殺絕。從這個意義說，君子鬥小人難免吃虧。

我們要做君子，但同時也要防小人，因為小人能敗壞大事。

「小人」沒有特別的樣子，臉上也沒寫上「小人」兩字，有些小人甚至還長得既帥又漂亮，有口才也有真才，一副「大將之才」的樣子。

不過，小人還是可以從其行為中分辨出來的。

總體來說，小人就是那些做事做人不守正道，以邪惡的手段來達到目的的人，所以他們的言行有以下的特點：

第一，造謠生事。他們的造謠生事都另有目的，並不是以此為樂。

第二，挑撥離間。為達到某種目的，他們可以挑撥同事間的感情，製造他們之間的不和，以從中取利。

第三，阿諛奉承。這種人很容易得到主管信任，在主管面前說別人的壞話很有殺傷力。

第四，陽奉陰違。這種行為代表他們這種人的辦事風格，因此他對你也可能表裡不一。

第五，趨炎附勢。誰得勢就依附誰，誰失勢就拋棄誰。

第六，踩著別人的鮮血前進。利用你為其開路，而你的犧牲，他們是不在乎的。

第七，落井下石。你如果不小心做錯事，他會在這件事情上大作文章，使你的處境雪上加霜。

第八，推卸責任。明明自己有錯卻不承認，硬要找個人來背罪。

事實上，小人的特點並不只這些，總而言之，凡是不講法、不講情、不講義、不講道德的人都帶有小人的特質。

老實人和小人相處講究以下幾個原則。

第一，不得罪。一般來說，小人比君子敏感，心裡也較為自卑，因此你不要在言語上刺激他們，也不要在利益上得罪他們。

第二，保持距離。別和小人們過度親近，保持普通關係就可以了。

第三，小心說話。說些「今天天氣很好」的話就可以了，如果談了別人的隱私，談了某人的不是，或是發了某些牢騷，這些話絕對會變成小人興風作浪的根據。

第四，不要有利益瓜葛。小人常成群結黨，霸占利益，形成勢力，你千萬不要靠他們來獲得利益，因為你一旦得到利益，他們必會要求相當的回報，甚至黏著你不放，想脫身都不可能。

第五，吃些小虧。小人傷害了你，如果是小虧就算了，因為你找他們不但討不到公道，反而會結下更大的仇。

當然，並不是說做到了以上五點，老實人就不會被傷害，但至少可以把小人對自己的傷害降至最低點。學會明哲保身，畢竟社會環境險惡，人心更加叵測，替自己留一條退路，才是最有利於老實人的作法。

難得糊塗

丁是丁，卯是卯，為人必須是非分明，愛恨分明，千萬不能「攪爛泥」！是的，混淆是非，犧牲原則，當然是不對的。只可惜在日常普通人的生活和工作當中，夠得上原則問題的事情恐怕實在不多，大量的都是非原則性的一般事件。

「水至清則無魚，人至察則無友」。一個人太認真了，就會對什麼都看不慣，連一個朋友都容不下，把自己跟社會隔絕開。肉眼看起來很乾淨的東西，拿到顯微鏡下，滿滿都是細菌。試想，如果我們戴著顯微鏡生活，恐怕連飯都不敢吃了。就像用放大鏡去看別人的毛病，恐怕那傢伙是罪不可赦、無可救藥。

人非聖賢，孰能無過。與人相處就要互相諒解，經常以「難得糊塗」自勉，求大同存小異，有肚量，能容人，你就會有許多朋友，且左右逢源，諸事遂願；相反，「明察秋毫」，眼裡容不下半粒沙子，過分挑剔，什麼雞毛蒜皮的小事都要論出是非對錯，容不得他人，人家也會躲你遠遠的，最後，你只能關起門，成為人人避之惟恐不及的異己之徒。古今中外，凡是能成大事的人都具有一種優秀的品格，就是能容人所不能容，忍人所不能忍，善於求大同存小異，團結大多數人。他們極有胸懷，豁達而不拘小節，大處著眼而不會目光如豆，從不斤斤計較，糾纏於非原則的瑣事。

不過，要真正做到不計較，也不是簡單的事，需要有良好的修養，需要有善解人意的思維方法，從對方的角度考慮和處理問題，多一些體諒和理解。比如，有些人一旦做了主管，便容不得下屬出半點毛病，動輒挑剔與辱罵。時間久了，必積怨成仇。想一想天下的事並不是你一人所能全數包辦的，何必因一點點毛病便與人嘔氣呢？若調換一下位置，設身處地為對方著想，也許一切都會迎刃而解。

舉個例子。有位同事總抱怨他們家附近某間販售醬油的的店員態度不好，像被誰欠了錢似的，後來同事的妻子打聽到了對方的身世——原來丈夫有了外遇，兩人離了婚，母親癱瘓在床，上小學的女兒患哮喘病。難怪她一天到晚愁眉不展。這位同事從此不再計較她的態度，甚至還想幫她一把，為她做些力所能及的事。

在公眾場所遇到不順心的事，不值得生氣。素不相識的人冒犯你肯定事出有因，只要不是蓄意侮辱，我們就應寬大為懷，不以為意，或以柔克剛，曉之以理。總之，跟萍水相逢的陌生人計較，實在不是聰明人做的事。

清官難斷家務事，在家裡更不要計較的心態，否則你就愚不可及。家人之間哪有什麼原則、立場的大是大非。都是一家人，非要分出個勝負，分出對和錯來，又有什麼用呢？人們在社會上充當著各式各樣的社會角色，恪盡職守的職員、精明的商人，還有辛苦的工人，但一回到家裡，脫去制服，也就是脫掉了你所扮演的這一角色的「行頭」，即社會對這一角色的規矩

和種種要求、束縛，還原了你的本來面目，使你盡可能地享受天倫之樂。假如你在家裡還跟在社會上一樣認真、一樣循規蹈矩，每說一句話、做一件事還要考慮對錯，顧忌影響、後果，思考再三，那不僅可笑，也太累了。所以，處理家庭瑣事要採取「綏靖」政策」，安撫為主，大事化小，小事化無，當個笑口常開的和事佬。

總聽人說：「活得太累！」究其「累」的原因，主要還是事事計較，缺乏「糊塗」意識。談戀愛，你非得把對方的過往問個徹底；做父母，你要把屬於子女的信件都拆開檢查；當主管，你連職員上廁所也要看一看；別人說句話，你要考慮半天，總想從中琢磨出個「言外之意」。總之，事無鉅細，你都要反覆思量。結果呢？有人說大人物都是不拘小節，此話不無道理。

該清楚的不能糊塗，該糊塗的也不可清楚。記得某個人談演講的體驗時說，當你愈是清楚地意識到臺下都是些專家、學者等權威代表時，你演講的發揮就愈會受到限制；相反地，你愈是淡化這種意識，你的才能就愈能得到充分發揮。這就好比有的著名運動員在臨場時，愈是擔心成敗反而越會一敗塗地。

人與人的交往免不了會產生摩擦。有了磨擦，平心靜氣地坐下來交換意見，予以解決，固然是上策，但有時事情並非那麼簡單，因此倒不如糊塗一點的好。正如鄭板橋所說：「退一步天地寬，讓一招前途廣……糊塗而已。」

糊塗可為人們帶來許多好處，一則，可以減去生活中不必要的煩惱。在我們身邊，無論同事、鄰居，甚至萍水相逢的人，都不免會產生些摩擦，引起些氣惱，如若斤斤計較，患得患失，往往愈想愈氣，這樣於事無補，於身體也無益。如做到遇事糊塗些，自然煩惱就少得多。我們活在世上只有短短的幾十年，卻為那些很快就會被人們遺忘了的煩惱，實在是不值得的。

二則，糊塗可以使我們集中精力於事業。一個人的精力是有限的，如果一味在個人待遇、名利、地位上打轉，把精力白白地花在勾心鬥角、玩弄權術上，就不利於工作、學習和事業的發展。世上有所建樹者，都有糊塗功。清代「揚州八怪」之一鄭板橋自命糊塗，並以「難得糊塗」自勉，其詩畫造詣在他的「糊塗」當中達到一個極高的水準。

三則，糊塗有利於消除隔閡，以圖長遠。《莊子》中有句話說得好：「人生大地之間如白駒之過隙，忽然而亡。」人生苦短，又何必為區區小事而耿耿於懷呢？即使「大事」，別人有愧於你之處，糊塗些，反而感動人，從而改變人。

四則，遇事糊塗也可算是一種心理防禦機制，可以避免外界的打擊對本人造成心理上的創傷。鄭板橋曾書寫「吃虧是福」的條幅。其下有云：「滿者損之機，虧者盈之漸。損於己所彼，外得人情之平，內得我心之安。既平且安，福即在是矣！」正基於此念，才使得鄭板橋老先生在罷官後，騎著毛驢離開官署去揚州賣書。自覺地使用各種心理防禦機制，可以避免或減輕精神上的過度刺激和痛苦，維持較為良好的心境，可以避免精神崩潰。

人活一世，草木一秋，誰不願自己活得自然、自由、自在呢？誰不願自己生活得瀟灑、輕鬆、愉快呢？誰不願自己事業蓬勃、財運亨通呢？誰不願自己成為別人羨慕的人呢？那麼，學習一下「糊塗經」吧。

「裝傻」也是一種本領

鎮上有個孩子，是一個很文靜又怕羞的老實人，以至於人們都把他當作傻瓜，常喜歡捉弄他。他們經常把十元和五元的硬幣扔在他的面前，讓他任意撿一個，那個小孩總是撿五元硬幣，於是大家都取笑他。

有一天一位可憐他的好心人問他：「難道你不知道十元比五元值錢嗎？」

「當然知道。」那孩子慢條斯理地說：「不過，如果我撿了那十元的，恐怕他們就再沒有興趣丟錢給我了。」

你說他傻嗎？

「裝傻」著似愚笨，實則聰明。人立身處事，不矜功自誇，可以很好地保護自己。即所謂「藏巧守拙，用晦如明。」

韓信是漢朝的第一功臣，在漢中獻計出兵陳倉，平定三秦，率軍破魏，俘獲魏王豹，破趙，斬成安君，捉住趙王歇，收降燕，掃蕩齊，力挫楚軍。連最後消滅項羽，也主要靠他率軍前來合圍。司馬遷說，漢朝的天下，三分之二是韓信打下來的。但是他功高震主，又不能謙遜自處，加上他犯了大忌，看到曾經是他部下的曹參、灌嬰、張蒼、傅寬都裂土封侯，與自己平起平坐，心中難免不平。樊噲是一員猛將，又是劉邦的連襟，每次韓信拜訪他，他都是「拜迎送」。但韓信出門，總要說：「我今日竟與這樣的人為伍！」自傲如此，全然沒有當年甘受胯下之辱的忍讓，終於一步步走上了絕路。後人評價說，如果韓信不矜功自傲，不與劉邦討價還價，而是自隱其功，謙遜退避，劉邦大概也不會對他下手吧。

人人都想表現聰明，裝傻是很難的。這需要有胸懷風度，既能夠愚，又愚得起。《菜根譚》說：「鷹立如睡，虎行似病。」也就是說老鷹站在那裡像睡著了，老虎走路時像有病的模樣，這是他們準備吃獵物前的手段。所以，一個真正具有才德的人要做到不炫耀，不顯才華，這樣才能很好地保護自己。

「愚不可及」這句話已經成為生活中的常用語，用來形容一個人傻到了無以復加的程度。但要是查一下出典，此話最早還出於孔子之口，原先並不帶貶義，反而是一種讚揚：「子曰：『甯武子，邦有道則知，邦無道則愚。其知可及也，其愚不可及也。』」（《論語・公治長》）

甯武子是春秋時代衛國有名的大夫，姓甯，名俞，武是他的諡號。甯武子經歷了衛國兩代的變動，由衛文公到衛成公，兩個朝代國家局勢完全不同，他卻安然做了兩朝元老。衛文公

時，國家安定，政治清平，他把自己的才智能力全都發揮了出來，是個智者。到衛成公時，政治黑暗，社會動亂，情況險惡，他仍然在朝做官，卻表現得十分愚蠢魯鈍，好像什麼都不懂。但就在這愚笨外表的掩飾下，他還為國家作了不少事情。所以，孔子對他評價很高，說他那種聰明的表現別人還做得到，而他在亂世中為人處世的那種「暗藏心機」的愚笨表現，則是別人所學不來的。其實，真正學不到的是甯武子的那種不惜裝傻以利國利民的情操。

「裝傻」歷來都是人們常用的一種策略。因為，愈是精明的人愈知道精明人處世難，容易招致妒嫉，甚至為精明而喪生。曹操因為妒嫉楊脩的才能（當然還有其他原因）而殺了他。所以，從老子開始，人們就深悟了「大智若愚」的道理，愈是精明，表現得愈是愚笨，以便在別人的輕視和疏忽中經營自己的天地。甯武子實質上也就是運用了這一道理。

甘願屈人之下

心甘情願，忠心耿耿地居於一人之下，叫做「屈一」。手握大權，足以號令天下，稱為「伸萬」。

在一人之下萬人之上的高位，是許多人夢寐以求的美事。但是，位置只有一個，於是便有種種爭權奪位的激烈演出，或以喜劇收場，或以悲劇告終。

周公是歷史上著名的政治家，他是周朝開國君主文王的第四個兒子，周武王的弟弟。周公曾輔佐周武王，在消滅商朝中立下赫赫戰功。武王死後，成王姬誦即位。周公受武王遺命輔佐成王。周公的親兄弟管叔、蔡叔和霍叔對周公攝政不滿，勾結商紂王之子武庚起兵叛亂。周公毅然親自領兵東征，誅殺了武庚和管叔，流放蔡叔，又經過三年征戰，平定了東方諸國的叛亂。

周公將在戰爭中俘獲的商朝貴族（稱為「殷頑」）集中到洛邑，為他們修築新城，取名為「成周」，並在成周之西三十多裡另築「王城」，派兵監視殷頑民，武王生前對周公給殷頑以出路、分化瓦解的策略十分讚賞。與此同時，周公寫了〈君奭〉，表明自己攝政是忠實於周王室，不是為了幫子孫後代謀取私利。他還寫了〈無逸〉，告誡周成王要勤於政務，不要過度遊樂。並寫了〈多士〉，警告殷頑民不要輕易妄動，只要順從周王朝就給予出路。他還制禮作樂，為周王朝建立了各種典章制度。

周公輔佐成王七年，政績卓著，功成後便老老實實地將權力歸還給了成王，這一舉動令朝野嘆服不已。他死後，成王敬重他克己奉公，鞠躬盡瘁，高風亮節，功成不居，將他厚葬在周文王的墓地，並說：「我不敢以周公為臣。」

屈一伸萬在本質上是不同於拉大旗作虎皮、挾天子以令諸侯的。挾天子以令諸侯，很有點仗勢欺人的味道，本無聲威，以借來的，甚至竊取的聲威來壯聲勢，並以強力相脅迫，讓人聯想到欺世盜名，圖謀不軌。屈一伸萬是很富有奉獻精神的。心甘情願、老老實實服從於最高權力者，一心一意為最高權力者服務，絕對沒有篡位稱王的邪念；雖然手中大權在握，決不濫施淫威，以克己奉公為己任，以德行贏得天下人的敬重。

不過，古往今來，樂於屈一伸萬者，能有幾人？

第二章 要老實，不要固執

森林之王獅子已變得年邁，在叢林中奔跑捕獵對牠來說已經是一件很困難的事。為了避免餓死，獅子召開了百獸大會。在會議上，獅子當眾宣布自己不再捕殺生靈而改吃青草。野獸們聽了非常高興。

「不過，你們每天要輪流幫我把青草送到我的棲息地。」獅子說。野獸們自然全票通過。沒有了獅子的殺戮，森林裡平靜而又祥和。

有一天，輪到老實的山羊為雄獅送青草。山羊站在獅子洞外，遲遲不肯進去。獅子老了，鼻子卻還靈敏。牠嗅到了山羊的氣息，等了很久卻不見山羊進來，便用慈祥的聲音對山羊說：「是敦厚老實的山羊嗎？快把青草幫我送進來吧。」

山羊「哼」了一聲，說：「你別騙我了！我知道你葫蘆裡賣的是什麼藥。我剛才注意到你洞口地面上其他動物幫你送青草時留下的腳印，只有進去的，沒有出來的！」

善惡要分清

有一個善良的農夫，在田野裡看到一隻凍僵的蛇，頓生憐憫之心，將蛇放在自己的懷裡，用自己的體溫去溫暖蛇。可誰知牠甦醒後，不但沒有絲毫感恩，反而還狠狠地咬了農夫一口。

這是一個人們耳熟能詳的寓言小故事，它告誡老實人，對惡人施以善待，最後只能害己。「善有善報，惡有惡報」，這是我們從小到大熟知的訓導。然而，我們如果不加區分地去肆意施善，難免會遭遇到農夫一樣的遭遇，或助紂為虐，或傷害了自己。

任何對自己有威脅或不利的事情，老實人要學會相應的反擊，而不是一忍再忍。過分的忍耐只會助長邪惡的氣焰。

很多時候，老實人無法做到「以眼還眼，以牙還牙」，比如說被毒蛇咬了一口，老實人不可能也回敬毒蛇一口，但是為了不助長這種惡性攻擊的氣焰，我們必須採取相應的警告和措施。

老實人必須要學會捍衛自己的自尊，只有這樣，老實人才能既保留對自己的誠實，也保衛自己的品行。

過分地忍讓並不可取

老實人在「忍」字訣上大多苦心修練，然而忍耐過分並不可取。過分地忍，會為我們帶來許多的不幸、麻煩、痛苦甚至是恥辱；過分地忍，已經使不少老實人的骨骼中缺乏了「鈣」的成分，忍到了不能再忍的程度；過分地忍，也使我們缺乏活力，缺乏向前闖的勇氣；過分地忍，已經成為老實人的一個精神包袱……

具體來說，過分忍讓會產生什麼樣的結果呢？

第一，如果一個人只會過分地忍、一味地忍，那麼他就會變成一個缺乏個性的人。人需要自己的個性，需要自己的風格，只有這樣才能使自己的人生豐富多彩。對於那些忍到了家的人來說，只是為忍而忍，將忍看作是一種目的，而不是一種手段。因此，只是逆來順受，只會壓抑自己，自己想說的話不能說，自己想做的事不能做，自己想做的事不能做，處處受到干涉和阻止，一點都不能發展自己。這樣忍，是以犧牲自己的獨立人格和主體意識為代價的，因此，他們只能整天無所作為地活著。這種人因為過於忍耐，其自我萎縮，缺乏鮮明的個性。

第二，如果一個人只會過分地忍、一味地忍，那麼，他們就容易變成守舊、毫無進取心的庸人。唐代學者劉禹錫詩曰：「流水淘沙不暫停，前波未滅後波生。」人生只有不斷地進取才能獲得成功。如果人以忍作為進取的一種手段和智謀，還是可取的。而有些人的忍，並不是為實現正義而做的一時妥協，並不是為實現自己遠大的目的而做的暫時的撤退，只是對傳統的習慣勢力、落後勢力的無限制的妥協和退讓。它是懦弱的表現，因而膽小如鼠，俯首貼耳於惡勢力之下。有時明明是正義站在他們這一邊，然而他們還是一個勁地往後退，愈來愈變得膽小怕事、守舊，愈來愈缺少鬥爭勇氣，愈來愈缺乏進取精神。

第三，如果一個人只會過分地忍、一味地忍，那麼，這種老實過頭的結果就會讓人變得愈來愈帶有奴性，愈來愈自卑。有的人為什麼只會忍？就是缺乏自信。太自卑，對他人就只能無條件地順從、服從。如果「忍」的時間一長，變成習慣之後，就會很快地轉換成一種奴性，印刻在他的行為之中，時時、事事都得依靠他人，變得離開他人就無法生存似的，甚至連他本人都不知道自己為什麼要在世上生活下去。由於自我的極度萎縮，這種人越來越心安理得地忍，倘若離開了他人，倘若別人不弄出點事來讓自己忍，甚至會感到世界末日將要來臨一般。他們會愈來愈缺乏獨立性，會愈來愈看不到自己的長處，愈來愈自卑。

第四，如果一個人只會過分地忍、一味地忍，那麼，對個人來說也只會帶來矛盾和痛苦。過分的忍，實際上是人對社會的一種消極適應方式，是將個人在人生中遇到的所有矛盾、問題都由自己默默地承受。這種人不會宣洩，不會透過其他方式去化解矛盾，只會一個人在夾縫中生活，只會一個人躲在角落裡偷偷地掉淚。結果矛盾累積得誒來愈多，愈來愈深，也就愈來愈痛苦，既害了自己，又誤了別人。世界上本來有很多矛盾屬於「一點即破」的，然而一到了那些能忍、會忍的人身上，就聽任矛盾積累起來。於是，本來不複雜的，變成了相當複雜的，本來很容易解決的，就變得很難解決了。這種人因為凡事過分地忍，其感情世界往往是最痛苦的，而且往往依靠個人的力量無法擺脫。

的確，如果「忍讓」烙上了保守、落後、安命不爭、平庸、易滿足、缺乏進取心、衰老退化、奴性、軟弱、過於自卑等痕跡時，那麼「忍耐」的精神就變了味，這種忍耐太缺乏時代精神，太缺乏人的進取精神，太缺乏人的主體意識，太缺乏人的骨氣，太缺乏人的生存意義和價值了。

我們前面說做人要「忍」，現在又說「忍」不要過分，那麼，這個尺度該如何把握呢？

簡單地說，忍讓是保存自己力量的重要手段。當敵我之間的力量太懸殊，正義與邪惡之間的勢力太大時，忍讓，便作為一種最為明智的退卻手段，以自己的能力有限為主，不消磨自己的「元氣」，不將把柄送到敵對的手中，而是將力量慢慢地累積起來。這種忍讓，絕不是對傳統的勢力、落後勢力的妥協和投降，而是一旦時機成熟，就會乘其不備，猛然一擊，讓邪惡永不翻身。

別讓老實變成固執

人的確需要忠厚老實，不能欺騙他人，更不能坑害他人，這是做人的一個基本準則。但是，固執之人的老實卻有點過分，他們不懂策略，不知道如何保護自己的權益，對他人毫無防範之心，因此經常上當受騙，經常吃虧。所以，這種老實就帶有損害自己的性質，不怎麼太合乎時宜，甚至還帶有那麼一點迂腐的特點。

固執的老實人一般都膽小怕事，性格軟弱，做事瞻前顧後，怕招惹事非，怕得罪人，怕搞不好，辦事沒有主見。一遇到兩難的事，就不知如何辦才好，不求有功，但求無過，更怕做那些帶有「風險」的事。凡事都要向家人或主管「請示彙報」，一遇困難就往後縮，稍微出了點事，就以為天要塌下來似的，還將責任都往他人身上推。

固執的老實人是不是真不知道他人對自己的評價，是不是真不知有些人在欺侮他、捉弄他、玩耍他？不是。他們也是人，他們也有正常人的感情和思維，因此，他們是能感覺到這一點的。與普通人不同的是，當他們受了委屈或不公正的待遇之後，儘管會感到不公、難受、氣憤或苦惱，甚至許久不能平靜下來，但是他們是「宿命論者」，相信這是「命運的安排」，是自己的「命不好」，不會宣洩，不會反抗，更不敢與世道的不公進行抗爭。這樣的人只學會了一個簡單的「忍」字，逆來順受，有難就往心頭放，有苦就往肚裡咽。一個人默默地忍受著，讓人看了就難受。還經常有這種事情，當他人為他的不平遭遇打抱不平時，他反倒無動於衷，「皇帝不急急死太監」，讓人哭笑不得。

固執的老實人對生活沒有熱情，更缺乏激情，只知道整天忙忙碌碌，疲於奔命，不知道如此忙碌的目的究竟是什麼。他們不會生活，不懂生活，也沒有什麼個人興趣和愛好，不知從生活中找一點樂趣。這種人的精神負擔很重，只知道整天的「自我責備」，只知道一個勁兒地進行「自我反省」，而從來不考慮為什麼要進行這種「摧殘性的自我責備」。

那麼，這類固執的老實人怎樣做才能使自己不那麼固執呢？

這種人應該認知到，自己的這種毛病是在人生發展的漫長道路中形成的，因此要改變這種人格弱點也不是一天、兩天的事，它所需要的是決心、信心、耐心並努力抓住機遇。

第一，決心。

要清楚認識到自己身上存在的這類毛病，以及帶來的後果（尤其是已經形成的惡果），要認識到已經到了非要改掉這類毛病的時候。沒有這種「痛切的自我認識」，只是被人所指責、批評，是永遠不能去除自己的這種毛病的。

第二，信心。

相信自己能改掉這類「毛病」。首先要反省一下自己固執形成的原因？要對症下藥，從根本上除病，恢復自信心。其次是以自己一點點的成就鼓勵自己，證明自己一點都不比他人差，多除掉一點自卑心，就意味著自己多改掉了一點固執的毛病。

第三，耐心。

要允許自己有反覆的機會。固執的人最容易打退堂鼓，在改掉自己固執這個毛病時，也容易犯這個毛病，因此不僅要經常自己提醒自己，而且還要請最了解自己的人做自己的「監督人」。切記，改掉固執的大敵是急躁，因此一定要有耐心。

第四抓住機遇。

要抓住生活中發展自己的機遇。固執的人膽小怕事，因此最容易忽視機遇、漏掉機遇，結果愈來愈容易被他人認為無能。因此，一定要努力抓住機遇，從機遇中顯示自我，從機遇中發展自己。開始可能會失敗，但是，只要認真總結經驗教訓，不斷提高策略水準，總是能獲得成功的。只要有一次的成功，就會激勵出自己再接再厲的勇氣。一旦將這種勇氣保持下去的話，老實人就走出了固執的泥沼。

知識分子謹防「迂腐」之人

知識分子中的老實人，相對來說比例較高。這類老實人大多有迂腐的習氣，拘泥於已有的條條框框，固執己見，脫離實際，在社會上做人做事都「放不開」。

迂腐的知識分子，有以下幾個特點。

第一，過於相信書本知識。

有了一些知識，就認為自己很了不起，說起話來滔滔不絕，從古至今引經據典，一副很有學問的架子。不了解其底細的人對他們往往充滿了崇敬，他本人也往往陶醉於他人對自己的一片奉承話語之中。這種人的自信心特別的要強，事情都是按照書本上所說的那樣去做。與此同時，對他人的話，尤其是那些不同意見的話、聽起來刺耳的話、不中聽的話，就不怎麼願意聽了。這就必然決定了這種人對書本過於依賴，離開了書本簡直無法生活。

第二，只有書本知識而沒有實踐經驗。

做起報告很生動，甚至妙語橫生，聽起來精彩，也能使他人忘情，然而，如果讓他們去實踐，或要求他們去解決幾個實際問題，他們就顯得非常的無能，一竅不通了，他們所掌握的知識也就一點都沒有用了。

在許多情況下，書本知識與實踐經驗並不是一回事。書本知識只是一種知識的抽象，比較「死」，制約它的因素比較的簡單；而實踐經驗卻是一種才能，是一種本領，很活，制約它的因素很多，而且變化無窮，隨時都會遇到新情況、新問題的挑戰。迂腐的人對實踐中的學問總是採取輕視、蔑視、瞧不起的態度，總認為其中沒有多大的學問，沒有多大的知識，不管情況發生了多大的變化，仍然按照死板的方法去辦事，結果總在實作的當下撞得頭破血流。

第三，人際交流的技能太差。

不管是好人或壞人，都「一視同仁」，對他人說起話來往往是竹筒倒豆子，全都端將出來；

而且，因為心地很善良，別人幾句好話一說，或者被他人灌了幾杯「甜湯」，本來不想答應的，也就心軟了，非常容易犯輕信的毛病。設想一下，只憑心眼好、待人坦誠怎能駕馭得了複雜多變的局面？

第四，喜歡感情用事。

不懂得分辨事情的輕重程度，一味只顧著自己的情緒去決定事情的方向或作法。缺乏理性判斷能力。而往往做事情若缺乏謹慎的思考與邏輯，就會造成事情無法順利完成，甚至影響到其他人事物。

以上分析了「迂腐者」的幾個特點，下面談談如何矯治這種人的迂腐毛病。

首先要發現自己有類似的毛病，這是克服自己「迂腐」的前提。一般來說，凡迂腐者，是不太會認識自己這個毛病的，總是自以為是，總認為自己的思想一貫正確，總認為自己有足夠的才能……怎麼辨？那就要多問幾個為什麼——為什麼自己老是不順利？為什麼老是不成功、老受挫折？為什麼自己的言行總受到一些人的嘲笑？經常對這些問題反思，就能夠發現自己有沒有類似的毛病了。

接著要注意知識的更新。一般來說，迂腐的性格反映了一個人智慧的不靈活、僵化、守舊，反映了一個人知識的貧乏，因此，就其實質來說，它也是一種愚昧。所以，要矯治迂腐這個毛病，就一定要知自己之不足，以新的知識來填充，努力擴大自己的知識面，要注意自己的知識更新，這樣就能恢復智慧的生氣，將無用的東西拋開，將有用的東西保留。

再者要努力注意克服「自己的偏見」。一般來說，迂腐起自於思想方法的固執，只注意事物的一部分，而不注意全體，鑽牛角尖，無法聽取其他的意見。因此，要改變迂腐這個特點，一定要克服自己早就形成的偏見，要讓自己的思想方法更全面一點、深刻一點。

然後要努力注意擴大自己的社交圈。迂腐者缺乏的是將自己融入現實生活，因而他們的社會技能、人際交流技能較差，經常不順利。為此，一定不可輕視實踐的重要性，多到現實生活中去，「交朋友」的時間長了，累積的經驗多了，也就會變得聰明起來了。

最後則要認真總結經驗與教訓。凡迂腐者，都有鑽牛角尖、冥頑不靈的毛病。這種人即使撞得頭破血流，也絕不認錯，絕不回頭。因此，建議有這類毛病的人一定要認真地總結經驗教訓，尤其是要總結失敗的教訓。不要怨天尤人，要從自己身上的不足總結。只有認真總結了，記在心裡，並在行動上花力氣去改進，才會慢慢地將這個毛病改掉，才會慢慢地變得機靈、明智起來。

該得到的利益要去爭取

在一個工作團隊中，在利益面前，不要逆來順受，也不要過分謙讓，應該大膽地向主管要求自己應該得到的。

之所以強調在與主管相處的過程中要學會爭利這個問題，就是因為有那麼許許多多的老實人因為不會爭利而頻頻吃虧。不會爭利一般有兩種表現，一種是不敢爭利，甚至連自己應該得到的也不敢開口向主管要求，既怕同事有看法，也怕為主管造成壞印象，大有「君子不言利」的味道；另一種是過分爭利，利不分大小，有則爭之，結果整日跟在主管後面喋喋不休地講求調薪、索要好處，把主管追得很煩。依我們的觀點，這兩者都是不會爭利的。爭利也有個技巧問題。

常言道：「老實人吃啞巴虧，會哭的孩子有奶吃。」這是我們的祖先總結的地地道道的「真經」。在同等條件下，兩個同事工作都比較勤懇認真，但在申請出國進修時，一個對主管只提了一次要求，但另一位卻三天兩頭地找主管表明決心與忠心，結果反而是那位只提過一次要求的員工獲得先行出國的機會。

有些老實人認為向主管要求利益，就肯定會和主管發生衝突，替主管找麻煩，影響雙方的關係，什麼都不敢提，結果往往也是一事無成。做好工作是份內的事，要求自己應該得到的也是合情合理的。付出愈多，成果愈好，應該得到的就愈多。

只要你能為主管做出一張漂亮的成績單，向主管要求你應該得到的利益，他也會滿心歡喜。如果你無所作為，無論在利益面前表現的多麼「老實」，主管也不會欣賞你。事實上，善於駕馭下屬的主管也善於把手中的利益作為籠絡人心、激發下屬的一種手段。可見，下屬要求利益與主管把握利益是一個積極有效的處理上下關係的互動手段。

不過，向主管提要求也要把握分寸。要求太高，會引起主管的反感。依照職場專家的看法，需要做到以下幾點：

第一，不爭小利。

不為小利益動氣，要顯得寬廣胸懷、大將風度，在主管心目中形成「甘於吃虧」的好印象，在小利上堅持忍讓為先。

第二，按「值」論價，等價交換。

最簡單的例子，如果你為公司做出了很大貢獻，你要按事先談好的提成的比例索取報酬，不能擴大要求，也不要讓主管削減對你的獎勵。

第三，誇大困難度，允許主管打折扣

「漫天要價，就地還錢」也是對付一些喜歡打折扣的主管的方法。有時你把困難說小了，主管可能認為你也沒有多努力，給你的好處也少。因此，要學會充分「發掘」困難，善於向主管表露困難，要求利益時可以放得大些，比你實際想得到的多一些，給主管一些「餘地」，不給人造成你「想要多少就給多少」的想法。誇大困難和要求實在是一種必要的處事策略，關鍵問題是要把握住關鍵時機和重要關口。

要有自己的主見

你看過木偶戲嗎？幾個木偶被人用繩索操縱著一切，雖然做得有聲有色，卻也不過是任人擺布，做個傀儡罷了。

溥儀在關東軍羽翼下成立傀儡「滿洲國」，名義上是國家的元首，但只能受制於他人。起初他很天真地以為自己能夠獲得他人的扶持，自己能有主張和力量去重振皇朝，後來證明他得來的全是痛苦的教訓，任人操縱擺布，只是一個木偶而已。

任何一個人，若是依附於人，不明白自己的處境，還期望有獨立的自尊和主張，亂發表意見，滿腹牢騷，結果得不到主子的歡心，只能以被主子擯棄而收場。

不客氣地說，不少老實人存在著一種木偶心態。他們在不知不覺中，把自己的靈魂交付給了別人，讓別人掌握控制著自己的心靈。

我們生活中的大部分人不僅被別人的思想所左右，而且，我們在生活中也常常聽到一些建議。我們的鄰居，我們的親戚，我們的同學，我們的同事，我們的主管，我們的下屬，差不多我們所認識的每一個人都會熱心地給我們一些建議。老實人做每一件事情都喜歡聽從別人的建議。

傾聽別人的意見是對的，但問題的關鍵是要有自己的主見。如果別人說東你就往東，別人說西你就往西，總是聽從別人的擺布，那麼你永遠也不會有真正屬於自己的人生。

「背黑鍋」不能超過限度

某件事情明明是主管耽誤或處理不當，可在追究責任時，主管卻指責你沒有及時彙報，或彙報不準確。例如，在某職場中就出現過這樣的事。主管下達了一個關於品質檢查的通知，要求各地區的有關部門屆時提供必要的材料，準備彙報，並安排必要的檢查。相關單位收到這份通知後，照舊是先經過辦公室主管的檢閱，再送交上層的有關單位處理。這位主任看到這事比較緊急，當天便把通知送往某長官的辦公室。當時，這位長官正在接電話，看見主任進來後，只是用眼睛示意一下，讓他把通知放在桌上就行了。於是，主任照辦了。然而，就在檢查小組即將到來的前一天，對方打電話告知到達日期，請安排住宿時，這位長官才記起此事。他氣沖沖地把主任叫來，一頓呵斥，批評他耽誤了事。在這種情況下，這位主任深知自己並沒有耽誤事，真正耽誤事情的正是這位長官自己，可他並沒有反駁，而是老老實實地背起了黑鍋。事過之後，他又立即到長官辦公室找出那份通知，連夜加班、打電話，很快地把需要的材料準備齊全。這樣，長官也愈發看重這位忍辱負重的好下屬了。

「背黑鍋」不能超過限度

為什麼主任明明知道這件事不是他的責任，又要承擔這個罪名呢？因為這位主任知道，必要的時候為主管「背黑鍋」，儘管眼下自己會受到一點損失，遭受幾句批評，但到頭來，自己仍然會有相當大的好處。

那麼，是不是在主管錯怪了自己之後，都不要去辯論呢？當然不能簡單地下結論。如果我們仔細地分析上述例子，便可以發現，長官之所以如此責怪主管，主管之所以不能辯論，是因為事關長官本身。假如事情不是這樣，那就另當別論了。別人一時有難，伸出你的援助之手拉他一把，確實是應該的。但要把這樣做的後果想清楚，不能什麼事都無條件地承擔，不管他是什麼人。

再舉一個例子。有一家公司出了一件嚴重的安全事故，上層有關單位要來追查責任。負責人對下面的人懇求說：「你們就說那天我有事不在，是你們自作主張，只要我免於處分，我自有辦法保護你們。」

有幾個下屬竟然同意了。他們之中各有各的想法。有的認為，主管對我不錯，關鍵時刻不能出賣他。有的則想，這是大家的事，也不能叫主管一個人承擔。還有人認為，主管要我們保他，不保也不行，保就保吧。

其實，這種替主管「背黑鍋」的行為是十分危險的。一般而言，有關工作的指示和命令，是由主管下達的，下屬只是執行而已。照理說，責任是在上級。

希望透過幫助上級逃避責任來解救自己，是十分幼稚的想法。責任是大家共同承擔的，好比多個人抬一塊大石頭，一個人不抬了，另一個人的肩膀上只會變得更重，這是顯而易見的。只有大家共同來承擔責任，每個人所得到的才是應該屬於自己的那一份。

事情有大小，責任也有輕重。有的老實人習慣於替主管「背黑鍋」，但黑鍋也有大有小，大的黑鍋去背只會把自己壓垮。

不要以為替主管「背黑鍋」將來總會有些好處。「好處」應該是光明正大爭取來的，用「背黑鍋」的辦法去換，既不光彩，也未必合算。或許，上級能給予你的好處，比起你「背黑鍋」所受的損害來，只有百分之一。

所以，如果有人來求你，讓你替他分擔責任時，你一定要搞清這種責任的性質，不可隨便答應，以防後患。

當然，這種情況畢竟是少數。在日常生活中，人與人之間的請求、幫忙的事情像這麼嚴重的畢竟不多，大多是小事。但事情無論大小，都應小心對待。為人處世，老實人首先要懂得自我保護，使自己的利益、名譽等不受損害。

對人禮貌也要有限度

禮貌，是語言、動作謙虛恭敬的表現，是表示人的等級尊卑的傳統方法。很多老實人都是極講究禮貌的。

在彬彬有禮的外表下，壓抑著深藏不露的情感，這就是中國歷代經典中主張的聖人的模樣。《禮》《樂》等古代經典中已經規定了哪些情感是合乎禮儀的，而哪些情感是違背禮儀的。那些合乎禮儀的情感可以大力宣揚，而不合乎禮儀的情感則會大受譴責。所以喪失家人時的痛苦可以大聲宣洩，而夫妻恩愛就不宜宣揚，因為不合乎禮儀。可見講禮貌的古人有其不得已的苦惱。以下兩個極端的例子可以說明問題：

唐朝時有位名叫薛昌緒的人，遇人最講禮貌，他認為沒有禮貌是最要不得的行為，自己寧肯什麼都不講，可就是不能不講禮貌。所以他不但對上司禮貌，最後居然連對妻子也講起繁文縟節來了。每當他回家，要回到臥室裡去的時候，一定先讓侍女去通知妻子，然後才請人端著蠟燭送他進去。兩人見面以後，總要寒暄一番，然後喝點茶、吃點水果，就躬身告退，到自己的臥室裡去歇息。假如想與妻子同床共枕，就一定先恭恭敬敬地向妻子請示說：「不孝有三，無後為大，子嗣是件重大的事情，不知道您肯賜教否？」直到自己老婆點了頭，他才留下。像薛昌緒這樣的禮貌，時間一長，大約誰也接受不了這樣的婚姻，禮貌倒是有了，但夫妻情感恐怕就更難表達了。

與人交往講禮貌是件好事，但不能像薛昌緒周澤那樣拘於腐朽的禮節。要採取相應的禮貌和禮儀，這樣才會受到人們的歡迎。

陷阱面前擦亮眼

老實人在社會上行走，如何認識陷阱、避免踏入陷阱是不可以不知道的。如果你光明正大、腳踏實地，不痴心妄想、便可避免踏入陷阱。

當然，看破陷阱不容易，否則陷阱也就稱不上陷阱了。陷阱都經過設計、偽裝，真真假假，虛虛實實，就像獵人的陷阱，上面都要覆蓋上樹枝草葉，讓路過的動物看不出來。

要識別陷阱不容易，但要了解陷阱的本質卻不難。

陷阱有形形色色，無法予以歸類，但製造陷阱卻只有一個最高的原則，那就是：利用人性的弱點。

有一個事業成功的男子，各方面條件都很好，頭腦也很清楚，不像個會上當受騙的人，但他有個弱點，就是好色。

年輕時他常換伴侶，結婚後也不時在外尋花問柳，看到漂亮的女性就想一親芳澤。後來他離了婚，事後花在女色上的精力和金錢也就更可觀了。

有一次，在外面鬼混，美女在懷，黃湯下肚，迷迷糊糊中答應懷中美女的要求，在一張支票上簽了名，隔天他才發現事態嚴重，但已來不及挽救。

這一次簽名，讓他白白損失了幾十萬……

這是個因好色而誤入陷阱的例子。

好色是那位男子的弱點，因此一看到美色，他就會有飛蛾撲火，幾近喪失理智的舉動，看起來很不可思議，但人性中確有這種致人於毀滅的弱點。

人性的弱點除了好色之外，還有好錢。一聽說有錢可賺，不管是不義之財或賣命之財，就立刻昏了頭，根本不考慮會不會有麻煩，是不是有風險。政壇人物因金錢醜聞而下臺，有些其實就是政敵的陷阱；商人為貪大利而合夥經營，結果被對方所欺騙；女人因貪錢而失身，最終得不償失。這些都是運用人性中好錢的弱點而設計出來的陷阱。

除此之外，還有好賭。有些人一聽說賭博，精神就來了。利用這種好賭弱點而設計的陷阱便是在你的好勝心影響之下，一步步把你的錢財帶走，而你只會怨嘆自己手氣差。

人性的弱點最易讓人迷失理性，因此也最容易被人設計陷阱，而老實人一進入這種陷阱，損失也最大。此外，諸如心腸太軟、耳根子輕、易怒、好吃、貪杯……也都是別人設計的陷阱。那麼老實人該怎麼辦呢？難道因此就不要與別人交往了？

首先要說的是，社會上的陷阱固然處處有，但也不是時時會碰到，如果你光明正大，腳踏實地，不痴心妄想，便可減少碰到陷阱的機會，而最重要的是：正視、了解你的弱點。

也就是說，要知道自己的弱點在哪裡，因為這是你防禦力量最弱的地方，如果你不能去除這種弱點，至少不要讓別人知道，那麼敵人就無從對你下手了。

遠離是非的漩渦

國外有個心理學家曾做了一個心理實驗，他將三捲不同的錄影帶，分別放給三組孩子看。第一捲是一個孩子破壞了玩具，遭到父母指責。第二捲是孩子破壞了玩具之後，父母假裝沒看見。第三捲是孩子破壞了玩具，父母卻稱讚他。

當孩子們看完錄影帶，被帶到玩具室去玩的時候，他發現，剛才看過第一盤錄影帶的孩子，不敢去破壞玩具；看過第二盤錄影帶的孩子，偷偷摸摸破壞玩具；而看過第三盤錄影帶的孩子，則肆意地破壞玩具。這個實驗結果證明了，人類天生就有心理學上所說的「觀察學習」的傾向，不管學習的是對的，還是錯的。

在辦公室裡，有些人為了個人利益，或是私人恩怨，會利用這種「觀察學習」的心理，來製造大家共同的敵人。譬如說，找出一個和自己的「敵人」有磨擦的人，然後當著許多人的面同情這個人所受的委屈，痛陳對共同的「敵人」產生的不滿。從此，這些人成了一個小圈圈，沒有什麼比聚在一起討論，把共同的敵人給貶得一文不值更痛快的了。

就好比小張對著小李，把小二最近所做的「惡行」講了一遍，然後很虛偽地補上一句，「其實小二人還不錯啦！」

過了兩天，小李又對著小二說起小張上次說他壞話的事，還加上一句：「也許他是無心的」。

於是，就像水波漣漪，大圈圈裡有小圈圈，小圈圈裡又產生更小的圈圈，大家就在這些圈圈裡轉，不時懷疑有哪個冷箭正在瞄準自己，或是哪個小人可能會在背後偷襲，搞得大家都無心做事。

冷靜下來想想，我們為什麼要讓人牽著鼻子走？「敵人」該由自己解決，為什麼要別人一起來分擔？

由單純的學校步入社會之後，多多少少會因為一些利益問題，變得不再那麼單純，但是，絕對要保持清醒，千萬不要受到別人的影響。所以，我們看到社會上的反常現象，應該遠遠躲開，讓自己保持客觀中立。

小心突然「升溫」的友情

如果你和某人只是普通朋友，雖然也一起吃過飯，但還談不上交情；如果你和某人曾是好友，但有一段時間未聯絡，感情似乎已經淡了……

如果這樣的人突然對你熱絡起來，那麼你應該有所警覺，因為這種動作表示他可能對你有所企圖或有所求。之所以用「可能」這兩個字，是為了對這樣的行為保持一分客觀，避免以小人之心度君子之腹，誤解對方的好意。因為人是感情動物，有可能在一夜之間，因為你的言行而對你產生無法抑制的好感，就像男女互相吸引那樣。不過這種情形不會太多，而你也要盡量避免產生這種聯想。碰到突然升高熱度的友情，寧可冷靜待之，保持距離，才不會被突如其來的熱情「燙傷」。

要分析這種「友情」是否含有「企圖」並不難，關鍵是看看你自己目前的狀況，是否握有資源，例如有權有勢。如果是，那麼這個人有可能對你有企圖，想透過你得到一些好處。如果你無權也無勢，但是有錢，那麼這個人也有可能會向你借錢，甚至騙財！如果你無權無勢又無錢，沒什麼好讓別人索求的，那麼這突然升溫的友情也有可能是「項莊舞劍，意在沛公」，想利用你這個人來幫他做事。

從自己本身的狀況檢查出這突然升溫的友情有無「危險」之後，你的態度仍要有所保留，因

為這只是你主觀的認定，並不一定正確，所以面對這突然升高熱度的友情，你要不推不迎。「不推」是不回絕對方的「好意」，就算你已看出對方的企圖也不可立即回絕，否則很可能得罪一個人。但也不可迫不及待地迎上去，因為這會讓你抽身不得，抽了身又得罪對方。好比男女談戀愛，回應得太強烈，有時會讓自己迷失，若突然斬斷「情絲」，則會惹惱對方。

另外，你還必須學會「冷眼旁觀」。「冷眼」是指不動情，因為一動情就會失去判斷的能力，不如冷靜地觀看他到底在玩什麼把戲，並且做好防禦，避免措手不及。一般來說，對方若對你有所企圖，都會在一段時間之後就「見真章」，顯現他的真目的。

最後，你還必須抱持「禮尚往來」的態度。對這種友情，你要「投桃報李」：他請你吃飯，你送他禮物；他幫你忙，你也要有所回報。否則他若真對你有所圖，你會「吃人嘴軟，拿人手短」，被他狠狠地套牢。臨陣脫逃，恐怕沒那麼容易。

「被算計」不是老實人的專利

一樣的米養百樣的人，老實人不會去算計別人，並不意味著別人會「禮尚往來」。在現實社會中，欺騙、狡詐之徒大有人在。大到國家之間的爭端、小到個人之間的利害關係，這種欺詐無處不在。因此，與其說欺瞞他人是不正當的行為，倒不如說吃虧上當的人太單純，太大意。

人際交往從某種角度看也是一場較量。在這種較量中，為了求生存，老實人必須要有慎重的生活方式和態度，這樣才不致於上某些人的當，吃大虧。當然，我們並不需要自己去欺騙和害別人，但是社會上魚龍混雜，到處都是陷阱、圈套，老實人應該善於分辨各種人，就是說要聽其言，觀其行，要時時提防。所謂「害人之心不可有，防人之心不可無。」

老實人怎樣做才能不被他人算計或少被他人算計呢？第一，站得直，立得穩。一般來說，當一個人的個人主義色彩很強，經常做一些損傷他人利益的事後，就很容易被人抓到「把柄」，容易被他人算計。在這種情況下，很多人只能是「啞巴吃黃連，有苦說不出」。因此，為了不被他人算計，自己一定要「站得直，立得穩」，一定要有一顆公正的心，不做缺德、虧心的事，他人抓不到你的把柄，也就無法算計你。

第二，作暫時的退避。在雙方力量懸殊的情況下，在知道他人一定要算計你的情況下，還不如首先作暫時的退讓，避免吃更大的虧。俗話所說的「惹不起，還躲不起」就是這個道理。這有三層意思：一是自己主動作「戰略」上的撤退，避免正面衝突；二是有意識地保存自己的力量或利益，避免作無謂的「犧牲」；第三，顯示自己是個弱者，一般他人是不會窮追不休的。

每個人都必須謹慎交友。在很多情況下被他人算計是在交友不慎的情況下發生的。有一些人屬於「天真」的類型，對他人，只要自己「感覺良好」，就恨不得將心裡的話全都掏出來，對方呢？聽你說的時候，點頭哈腰，甚至調子比你還要高，可是，一轉過身，就將你說的話統統都「賣掉」。譬如你對他直言不諱地講對某個人的不好印象，他就統統地、甚至添油加醋地搬給你所說的那個人。結果呢？兩個人的矛盾就愈來愈深。無意之中你就被他人算計了一下，因此交朋友一定要慎重。

最後，你依然要不斷地總結經驗和教訓，努力完善自己的人格。有的人為什麼總被他人算計？關鍵一點就是不善於將自己被他人算計的教訓記在心裡。結果呢？給人一種印象是「老長不大」。老實的確是人的一種優良品質，但是，過於老實就有可能走向反面，使人變傻了，變呆了，變得不會適應社會了。坦率也的確是值得人們稱道的一種品質，但是，如果向那些專門算計人的人坦率，將自己的底都拿出來，這種坦率還是少一點的為好，因為這種坦率意味著替自己找麻煩。

尋找有力的支持者。弱肉強食是動物界生存競爭的一條法則。對於那些專門算計他人的人來說，這條動物界使用的法則是「太精通」了。這些人習慣於「欺軟怕硬」，專門算計那些他認為的「弱者」，專門欺侮那些「孤寡老小」和「無依靠者」。因此，為了不被他人所欺，自己應該找一點有力的「靠山」作為後盾。這樣，他人就不會輕易地「算計」你了。

除此之外，必要的時候要進行反擊，顯示自己也不是一個好被算計的人。對於那些老算計你的人，不能一忍再忍。你越忍，他就越欺侮你，越算計你。因此，在必要的時候要進行有力的「反擊」，以顯示自己並不是個好欺負的。

老實人被算計的多，但「被算計」的老實人若學會了以上六招，相信可以在生活中少被算計。

莫讓好心變成「驢肝肺」

黃小姐是一家雜誌社的主編，朋友介紹一位美編給她。這位美編剛從另一家雜誌社辭職，還沒找到工作。黃小姐看對方很客氣，也一副很聽話的樣子，便接受了他。

這位美編的資質只能說是中等，但黃小姐待他不錯，放手讓他發揮，還主動幫他爭取待遇。那位美編感激涕零地表示將「鞠躬盡瘁」，於是黃小姐對他更好了。

這樣一年下來，這位美編生活安定了，並在別家雜誌社找了一份兼職，但也因此稍微影響正職的工作。黃小姐認為一個人在外不容易，也沒說什麼。誰知不久這個美編又跳槽到另外一家雜誌社去了。

像黃小姐這種情形很多人碰過，有道是：「吃碗裡看碗外！」

為什麼會這樣？倒也不是「對人好」這種做法是錯的，而是黃小姐忽略了人性中「惡」的一面。人是善惡並存的，聖人雖有，但畢竟凡夫俗子占多數。這種善惡並存的凡夫俗子心中的

「惡」在適當時候便會冒出來，就如細菌在適當的溫度下便會滋長一樣。

黃小姐的例子的確是個教訓，因此，老實人「對人好」要講究方法。要先從「不好」開始，再進到「好」的層次。所謂「不好」倒也不是無理的苛待，而是給他一種精神上的壓力，讓他知道你並不是「好欺負的」好人，那麼對方便不會有「反正他不會對我怎麼樣」的僥倖。過一段時間後，再對他「好」，這樣對方會因「鬆了一口氣」而感激你，而且也不會認為你是「壞人」，爾後你便可「好」與「不好」交互運用。也就是說，寧可先嚴後寬，再寬嚴並濟，若先寬後嚴，絕對會引起對方的反感，怨你、恨你！就像給小孩糖果，先給少再給多，他會很高興，並且稱讚你的「好」；若先給多後給少，他就要生氣吵鬧了。大人也是如此。

另外，也可讓對方為了獲得你對他的「好」而付出代價，絕不可讓他有「得來容易」的感覺，否則他就不會珍惜你對他的「好」。

「好為人師」者戒

唐朝詩人劉禹錫，才富五車，名氣很大，為人爽直，但有時做人不夠圓滑，曾因此惹來不少麻煩。

當時有一項風俗，人們在考試前都要將自己的得意之作送給朝廷有名望的官員，請他們賞析後為自己說幾句好話，以提高自己的聲譽，稱之為「行卷」。襄陽有位才子牛僧孺，這年到京城赴試，便帶著自己的得意之作，來見很有名望的劉禹錫。劉禹錫很客氣地招待了他，聽說他來行卷，便打開他的大作，毫不客氣地當面修改他的文章，「飛筆塗竄其文」。

按理說，劉禹錫是前輩，又是當時文壇大家，親自修改後輩的文章，對其創作水準的提高是有好處的。但牛僧孺是個非常自負的人，他卻從此對劉禹錫記恨在心了。

後來，由於政治上的原因，劉禹錫的仕途一直不很得意，到牛僧孺成為唐朝宰相時，劉禹錫還只是個小小的地方官。

一次偶然的機會，劉禹錫與牛僧孺相遇在官道上，兩個人便一起喝酒暢談。酒酣之際，牛僧孺寫下一首詩，其中有「莫嫌恃酒輕言語，曾把文章謁後塵」之語，顯然對當年劉禹錫當面改其大作一事耿耿於懷。劉禹錫見詩大驚，方悟前事，趕緊和詩一首，以示悔意，牛才解前怨。

劉禹錫驚魂未定，出來後對弟子說：「我當年老老實實想扶持後人，誰料適得其反，差點惹來大禍，你們要以此為戒，不要好為人師。」

對於那些老實人來說，出主意、指點別人也許純屬好心，但好心未必有好報。自古都是如此。這既要看接受者的操守，也要看好心者本人的修養了。劉禹錫一片好心，卻過於不客氣，而對方又是極自負之人，弄得遺患無窮。

好心不一定有好報，僅僅老實是不夠的，還要圓滑些，注意場合，講求方式。

智者與愚者的區別

兩個同齡的年輕人同時受雇於一家店鋪，並且拿同樣的薪水。

可是一段時間後，叫阿諾的小夥子青雲直上，而那個叫阿布的小夥子卻仍在原地踏步。阿布很不滿意老闆的待遇，終於有一天他忍不住向老闆發起了牢騷。老闆一邊耐心地聽著他的抱怨，一邊在心裡盤算著怎樣向他解釋他和阿諾之間的差別。

「布魯諾先生。」老闆開口說話了：「你現在到市集去，看看今天早上有什麼賣的？」

阿布從集市上回來向老闆彙報說，今早集市上只有一個農民拉了一車馬鈴薯在賣。

「有多少？」老闆問。

阿布趕快又跑到集上，然後回來告訴老闆一共四十袋馬鈴薯。

「價格是多少？」

布魯諾又第三次跑到市集詢問價格。

「好吧。」老闆對他說：「現在請你坐到椅子上，一句話也不要說，看看別人是怎麼做的。」

老闆找來阿諾讓他去集市上看看。阿諾很快就回來了，向老闆彙報說到現在為止市集上只有一個農民在賣土豆，一共四十袋，價格大概是多少，馬鈴薯的品質很不錯，他帶回來一個讓老闆看看。這個農民一個小時以後還會弄來幾箱番茄，據他看價格非常公道。昨天他們鋪子的番茄賣得很快，庫存已經不多了。他想這麼便宜的番茄老闆肯定會進一些，所以他把那個農民也帶來了，他現在正在外面等待回應。

此時老闆轉向了阿布，說：「現在你肯定知道為什麼阿諾的薪水比你高了吧？」

同樣的小事情，有心人做出大學問，不動腦子的人只會浪費力氣而已。別人對待你的態度，就是你做事情結果的反映，像一面鏡子一樣準確無誤，你如何做的，它就如何反射回來。

指東打東，指西打西，不少人如阿布一樣，老老實實地把自己的任務完成，沒有半點突破與新意。這種老實，完全不能適應社會，也難以有一番作為。

老實與聰明並不矛盾

現實生活中有這樣一種老實人，他們胸無城府，性格耿直，一看到他人，不管是自己熟悉的還是不熟悉的，不管是與自己關係好的還是關係不好的，不管對方是怎樣想的、能不能接受，只要一見面，就不管三七二十一，像「竹筒倒豆子」那樣，毫無保留地將自己的想法統統都說出來。他自己以為這是在「以誠待人」，自以為這就是真誠和坦率。然而，這種真誠不顧時間、條件、場合、物件和具體的情景，因而有不少缺陷。

因為這種「太老實」，起源於對社會理解得過於簡單，其中還不免包括幼稚的成分。因為這種「太老實」，適應不了複雜的人際關係；因為這種「太老實」，將會使自己付出不必要的代價。這處「太老實」的人的老實話有時反倒成了他人攻擊的把柄。

一般來說，「太老實」的人是那些秉性耿直、勇於講真話的人。從理論上講，做人應該這樣做。但實際生活遠不是這樣，實際生活中要求的誠實是一種智慧的誠實，它不僅需要人具備誠實的品格，還需要人具備高明的手段。而「太老實」的人往往只具備品格而不具備手段，因此他們常常會因自己的老實付出大的代價。

社會是複雜的，它有虛假、醜陋和邪惡，老實人生活在其中，倘若不具備保持老實的高明手段，就不能戰勝邪惡，最終只能被邪惡所吞噬。唐代趙蕤在《變通學》中指出：「忠臣應比奸臣還要奸，不如此，忠臣就難以伸張正義。」從這個意義上說太老實的人確實應該注意，在複雜的社會中，一個人如果太質樸、太簡單、太真誠了，一不小心就會上當受騙，有時甚至會被自己過分的真誠搞得狼狽不堪、頭破血流，甚至於不可收拾。

老實不是絕對的，如果一個人過分的老實，肯定不能很好地適應這個多變的、複雜的的社會。

那麼，這樣說是不是意味著做人不要老實呢？

不！這又走到了另一個極端。因為並不是一切的「矯枉」都一定要採用「過正」這一方法來解決，關鍵是對老實的把握。

那麼，究竟怎樣把握做人要老實這個度呢？以下幾點是必須注意的。

第一，不要有害人之心。

有的人為什麼會不老實？為什麼總要欺騙他人？除了一些特殊的情況（如不將重病的情況告訴那些心理異常脆弱的病人等），就是因為其心中有「鬼」，總想去侵犯他人的利益，總想去坑害他人，總想做一些使人痛苦、令自己高興的惡作劇。有了這些齷齪的想法，這些人自然就無法真誠、坦率起來。一個人心地坦蕩，是不是正大光明，這是做人要老實的基本前提，也是做人的一個基本出發點。充滿私心與雜念的人是無論如何誠不起來的，總想侵犯他人利益的人其待人也一定是不太老實的。

第二，要做一個聰明的、善良的老實人。

老實人之所以老實，在於不說假話。然而現實生活中有一種老實人實在太死板，只講究「說話」，不講究時機、不講究方式、不講究分寸，不講究效果，結果往往是「好心不得好報」，經常撞壁碰灰。這一現象說明了什麼？說明這些人還缺乏豐富的人生經驗，缺乏處理複雜事物的技巧，總的來說還很幼稚。而對一個「聰明的老實人」來說，因為具有比較豐富的社會經驗，有相當高明的處理人際關係的技巧，真誠得巧，真誠得妙，真誠得恰到好處。這樣的真誠、坦蕩，不僅不會使自己陷於一種尷尬的境地，他人還反而會感謝你、尊敬你，讚揚你。

第三，要學會如何處置、對待「邪惡」。

老實的人無法處置自己所面對的「邪惡」，因而經常被邪惡所愚弄，有時弄得自己也很苦惱。怎麼辦？

要明白老實不是一種盲目、盲動，更不是一種廉價的同情和施捨，而是一種理性的昇華。因此不要以一個「模式」去對所有的人，即對待老實的人一定要老實，對待「邪惡」之人，則不要「過分的老實」，但決不是說也要使用「邪惡」對待之，要有所「保留」，否則你反會被這種「邪惡」所傷害。

不要對「邪惡」採取針鋒相對、一報回一報的方式。這樣做，心眼太小，也不是真的老實。要在有所「保留」的前提下使「邪惡者」知道：你所搞的那一套我是都知道的。如在這樣的條件下，「遇欺詐的人，以誠心感動之；遇暴戾的人，以和氣薰蒸之；遇傾斜私心的人，以名義氣節激勵之」，就會產生「天下無不入我陶冶中矣」之結果。（明・洪自誠・《菜根譚》）

徐懋庸在〈老實和聰明〉一文中曾經說過這樣一段話：「老實人之老實，在於不說假話；聰明的老實人，則話要說得準，不但內容準，而且時機、方式和分寸都要講究，不隨便說。」

總之，對當代人來說，老實這一品性實在是太需要了，然而如果能做到老實而不失聰明，那就更好了！

實話實說的局限

讓我們先看一則關於老實人的故事。

從前，有一個喜歡說實話的人，什麼事情他都說實話。他本來以為這是優點，但奇怪的是他不管到哪，總是被人趕走。漸漸地，他變得一貧如洗。最後，他來到一座修道院，指望著能被收容進去。修道院長問明原因以後，認為他「熱愛真理，並且是說實話的人」，就把他留在修道院裡安頓下來。

修道院裡有幾頭已經年老的動物，修道院長想把牠們賣掉，可是他不敢隨便派手下的人到市集去，深怕他們把錢私藏腰包。於是，他就叫這個老實人把兩頭驢和一頭牛牽到市集上去賣。

老實人在買主面前只講實話說：「這頭驢很懶，喜歡躺在泥巴裡。有一次，工人們想把牠從泥裡拉起來，一用勁，拉斷了尾巴；這頭驢特別倔強，一步路也不想走，他們就抽打牠，因為抽得太多，毛都禿了；這頭牛呢，已經過於年邁。」結果買主們聽了這些話就走了。這些話在市集上一傳開，誰也不來買了。於是，老實人到晚上又把牠們帶回修道院。聽老實人講述完市集上發生的事，修道院長發著火對他說：「那些把你趕走的人是對的。不應該留你這樣的人！我雖然喜歡實話，可是，我卻不喜歡那些跟我的錢作對的實話！所以，你走吧！」

就這樣，老實人又從修道院裡被趕走了。

其實，故事中「老實人」的遭遇並不是偶然的，現實生活中也不乏類似的例子。

舞蹈家鄧肯（Isadora Duncan）是十九世紀最富傳奇色彩的女性，熱情浪漫外加叛逆的個性，使她成為反對傳統婚姻和傳統舞蹈的前衛人物。她小時候更是純真、坦率得令人發窘。

耶誕節，學校舉行慶祝大會，老師一邊分糖果、蛋糕，一邊說著：

「看啊，小朋友們，聖誕老公公替你們帶來了什麼禮物？」

鄧肯馬上站起來，嚴肅地說：

「世界上根本沒有聖誕老公公。」

老師雖然很生氣，但還是壓住心中的怒火，改口說：

「相信聖誕老公公的乖女孩才能得到糖果。」

「我才不稀罕糖果。」

鄧肯回答。

老師勃然大怒，處罰鄧肯坐在前面的地板上。

人無論處在何種地位，也無論是在哪種情況下，都喜歡聽好話，喜歡受到別人的讚揚。的確，做工作很辛苦，能力雖然有大有小，畢竟是盡了自己的一份力量，當然希望自己的努力得到他人和社會的承認，這也是人之常情。會辦事的人，此時必然避其鋒芒，即使覺得他幹得不好，也不會直言相對。生性油滑、善於見風使舵的人，則會阿諛奉承，拍拍馬屁。那些忠直的人，此時也許要實話實說，這會讓人覺得你太過莽直了。

怎樣理解實話有時並不被肯定的現象呢？

從人性的角度我們可以看到，個體行為的一個基本規律是趨利而避害。可以設想，如果某人對其他人總是以誠相待，直言不諱，人們因此認定他是一個值得信賴的好人，所以樂於與他深交，並在人前人後誇讚他，某人也因此感到快樂和自豪。也就是說，某人的真誠為他贏得了好處，帶來了利益，那麼他又何樂而不為呢？如果情況與此大相徑庭，比如某人認為同事的衣服不好看，便馬上對她說：

「腿短又粗的人不適合穿這種裙子。」結果，同事臉一沉，扭頭便走，留下某人發愣。

實話固然是實話，但不久後卻隱約有人傳言，某人習慣在主管面前打擊同事，抬高自己……

倘若如此，某人恐怕會意識到自己的老實並不那麼受人歡迎，既然這樣，又何苦呢？

第三章 說「不」，你會嗎？

美國總統富蘭克林．羅斯福（Franklin Roosevelt）在就任總統之前，曾在海軍部擔任要職。有一次，他的一位好朋友向他打聽海軍在加勒比海一個小島上建立潛艇基地的計畫。羅斯福神祕地向四周看了看，壓低聲音問道：「你能保密嗎？」

「當然能」。

「那麼。」羅斯福微笑地看著他：「我也能。」

富蘭克林．羅斯福採用的是委婉含蓄的說「不」的藝術，其語言具有輕鬆幽默的情趣，表現了羅斯福的高超藝術，在朋友面前既堅持了不能洩露的原則立場，又沒有使朋友陷入難堪，取得了極好的語言交際效果。以至於在羅斯福死後多年，這位朋友還能愉快地談及這段總統軼事。相反，如果羅斯福表情嚴肅、義正辭嚴地說「不」，甚至心懷疑慮，認眞盤問對方爲什麼打聽這個、有什麼目的、受誰指使，豈不是小題大做，其結果必然是兩人之間的友情出現裂痕甚至危機。

一味地說「是」，或者想說「不」卻不知如何說，這是許多老實人的通病。他們因爲不拒絕或不懂拒絕，被別人支配了人生，要想有一番作爲眞是難上加難。

不必百依百順

老實人一般都如綿羊般溫順，為人處世也百依百順。他們不敢或不善於說「不」，因此替自己造成了許多麻煩。

小明這幾天明顯有些睡眠不足，他有很多的事情做。可是，當鄰居小張請他過去幫忙弄一下電腦時，他說：「好！」

小王請他幫忙抬家具到樓下時，他說：「沒問題！」

小林要他為自己的店鋪做一張海報時，他說：「當然！」

小明的特點是幾乎從不說「不」；而小謙在這方面的風格習慣卻與小明大不相同。

早上，彭小姐打電話來，問小謙能不能陪她一起去看電影。小謙說：「不！」

中午學校校隊打電話問他能不能參加足球隊訓練。小謙說：「不！」

下午朋友打電話來，問他能不能參加週末的餐會。他說：「不！」

晚上，同事請他幫忙選購家具。他說：「不！」

當小明說四個「是」的時候，小謙說了四個「不」！

你或許認為小謙不近人情，可當事人並沒有這種感覺，因為他很講究方式和技巧。當他說第一個「不」時，同時告訴了她「因為我對電影沒有興趣。」

當趙謙說第二個「不」時，他說：「我已經是籃球隊的中鋒，沒有精力再去參加足球隊了。」

當他說第三個「不」時，他說：「週末要和家人出遊，還是以後再找機會吧。」

當他說第四個「不」時，他傳給對方一個網址：「對於家具我也是外行，其實選購家具之前不妨上一些相關的網站看看，你就會有一個較為全面的了解。」

小謙說了「不」，但是說得委婉。他確實拒絕了，但拒絕得有理，因此能夠取得對方的諒解，自己也落得清閒，而不像小明那樣使自己睡眠不足。

可以肯定，老實人中有許多不會說「不」，他們或是不敢，或是不好意思。不敢說「不」的人，怕不順著對方的意，自己就要吃虧。豈知愈是想討好每個人，最後可能誰也沒討好，因為沒有人珍視他的「好」，卻要加倍地責備他可能的不周到。愈是想對得起每一個人時，愈可能對不起人，因為精神、時間、財力有限，不可能處處顧及，結果心力交瘁，卻還是感覺很對不起人。就算是他拚命地應付了每個人，最後卻對不起自己。

老實人應該認識到，只有在你表現說「不」的實力時，對方才會感激你說的「是」；也只有在你知道說「不」的情況下，才能積蓄足夠的實力說「是」。只有充滿自信與原則的人知道說「不」，也只有別人知道你有說「不」的原則之後，才會信任你所說的「不！」

委婉地道出你的苦衷、說出你的原則，必能獲得朋友的諒解，贏得對方尊重！

列舉「是」的不是之處

戰國時代的韓宣王，有一位名叫繆留的諫臣。有一次韓宣王想要重用兩個人，而問繆留的意見，繆留說：「魏國曾經重用過這兩人，結果喪失了一部分的國土，楚國用過這兩個人，也發生過類似的情形，所以現在重用這兩個人，可能會把國家賣掉。」

繆留還下了「不可以重用這兩個人」的結論。其實，對方即使不是宣王，在聽了這樣的闡述後，也絕對不會重用這兩個人的。這是《韓非子》裡相當著名的故事。

這種說「不」的方法，之所以這麼具有說服力，主要是因為這兩個人過去失敗的經驗太明顯造成的，繆留在被韓宣王要求發表意見時，並沒有馬上下結論，他首先對具體的事實作客觀地描述，然後再以論理學上所謂的歸納法，判斷出這兩個人可能遲早會把國家出賣掉的結論。說服的奧祕就在此。相反的，如果宣王要他發表意見時，繆留一開口就說：「這兩個人遲早會把我國賣掉」等等，結果會怎樣呢？可能任何人都會認為他的論斷過於極端，似乎懷恨他們，有公報私仇的嫌疑，形成不易讓大家接受「不」的心理，即使他在最後列舉了許多具體事實，也可能無法說服韓宣王。

說「不」時，不要先否定性地說出結論，而應先運用在提議階段所否定的論點，完全不說出「不」，而只是列舉說「是」時可能會產生的種種負面影響，如此一來，對方還沒聽到你的結論，自然就已接受你所說的「不」的道理了。

不要強迫對方接受「不行」、「不要」等斷然的主觀判斷，而應說「是」，使對方否定自己的觀點，這種方法可以讓對方心中的抵抗情緒降低，最後才說出自己「不」的理由。

向對方講述利害關係

舉事之果無非利害之分，凡事無利則是害。故言事之理，十分重要的就是分清利害，供人們選擇，凡國事、家事、個人發展之事，無不如此。

世界球王比利，自幼酷愛足球運動，並很早就顯示出他超人的才華。

比利在少年時，參加了一場激烈的足球賽，累得喘不過氣來。中場休息的時候，比利向夥伴要了一支菸，以解除疲勞。比利得意地吸著菸，淡淡的煙霧不時地從他的嘴中吐出來。但這一舉動很快被父親看到了，父親的眉頭皺起一個大疙瘩。

晚上，父親坐在椅子上問比利：「你今天抽菸了？」

「抽了。」比利紅著臉，低下了頭，準備接受父親的訓斥。

但是，父親並沒有這樣做，他從椅子上站起來，在屋子裡來回地走了好半天，才對比利

說：「孩子，你有天分，也許將來會有些出息。可惜，你現在要抽菸了，抽菸會損壞身體，使你在比賽時發揮不出應有的水準。作為父親，我有責任教育你向好的方面努力，也有責任制止你的不良行為。但是，向好的方向努力，還是向壞的方向，主要還取決於你自己。因此，我要問問你，你是願意抽菸呢？還是願意做個有出息的運動員呢？你懂事了，自己選擇吧！」說著，父親還從口袋裡掏出一疊鈔票，遞給比利，並說道：「如果你不願意做個有出息的運動員，執意要抽菸的話，這就做為你抽菸的經費吧！」說完父親走了出去。

比利望著父親遠去的背影，仔細地回想著父親那深沉而又懇切的話語，他不由地哭出聲來。過了好一陣子，他止住哭泣，拿起桌上的鈔票，還給了父親，並對他說：「爸爸，我再也不抽菸了，我一定要當一個有出息的運動員！」從此，比利刻苦訓練，球藝飛速提高，十五歲參加桑托斯足球隊，十六歲選入巴西國家隊。

比利十多歲時不懂得抽菸對運動員的極大危害。他的父親耐心地向他指出抽菸會妨礙實現當一名出色運動員的理想，使他懂得了利害關係，並讓他自己權衡利害，作出抉擇，使比利從此跟抽菸永遠絕緣。可見，曉以利害是說服的重要方法。

利用諺語說「不」

諺語可以說是人類智慧的結晶，是長久歷史背景下去蕪存菁的語句，可以包涵對方和自己所能互相理解的道理，同時也令人無法簡單地否定它的重要性，加上諺語是用簡潔的語句表現的，不需加上說理就可以直接地讓人了解，所以很能乾脆地提出結論。

因此，為表達「不」所耗費的百種理由，不如一句諺語來得更有力、更清楚。同時，既然彼此都能了解諺語的意義，所以也不會因為對方這種斷然拒絕而感到不悅。

老實人也應該預先準備好一些可以應付各種場面的諺語，以便需要時運用。

用含糊的語言突破困境

不妨多加利用語言所具有的含糊性質。將表面上看起來要說「是」，變成結論時說「不」。最常用的第一種方法，通常是因解釋的不同而有差異的「含糊」。含糊的語句有很廣泛的意義，對於可以接受「不」的對方，當然沒有問題，但如果對方接受為「是」，你也可以逃避地說「我從來沒有這個意思。」

這些語言操作的技巧，通常是政治家們最擅長的。在日本國會的質詢中，已故的佐藤榮作首相在被質詢是否擁有核武器時，並未明確地否定，而說「核武器你說有就有，說沒有就沒有。」

不僅佐藤如此，官僚出身的政治家，他們的說辭都常常是閃爍其辭的，這種含糊的語句較常用的是：「是的，你所說的我已經記下來了」、「會積極地檢討」、「妥善處理」、「正在慎重地考慮中」、「我會考慮的」等等語句。

日本前首相田中角榮，在就任時提倡決斷性的政治。剛開始時，獲得相當高的評價，但卻也逐漸累積了許多無法實現的承諾。而因為含糊的部分甚少，所以在被追問時，可以逃避的機會很少。因為太過於斬釘截鐵地說「不」，所以得罪了不少人。因此政治生涯的斷送，除了金融的賄賂問題之外，人際關係的惡劣，也是他的致命傷之一。

最常用的第二種方法，是用一句冗長且費時間的話去說「不」。這種方法可以使對方的注意力分散，話題的內容被含糊。這和剛會發音的孩子說話時，在旁邊聽的大人無法理解的道理一樣。

讓對方覺得被拒絕反而自己有利

日本明治時代的大文豪島崎藤村，被一個陌生人委託寫某本書的序文，最後幾經思考後，寫下了這封拒絕的回函：

「關於閣下來函所照會之事，在我目前的健康狀況下，實在無法辦到，這就好像是要違背一個知心朋友的期盼一樣，感到十分的懊惱。但在完全不知道作者的情況下，想寫一篇有關作者的序文，實在不可能辦到，同時這也令人十分擔心，因為我個人曾經出版《家》這本書，而委託已故的中澤臨川君為我寫篇序文，可是最後卻發現，序文和書中的內容不適合，所以這種特別的委託，反而變成一種困擾。」

在這裡，藤村最重要的是要告訴對方「我的拒絕對你較有利」。他已經明確傳達給對方自己「不」的意思，而這樣的說辭，又不會傷害到委託者的感情。

通常，當我們被對方說「不」而感到不悅的理由之一，是因為想引誘對方說出「是」而達成目的的願望在半途中被阻礙，因而陷入欲求不滿的狀況。所以既不損害對方，又可以達成目的說「不」的最好方法，就是讓對方感到也許會有一種更加有利的解決方法。

藤村可以說是十分了解人的這種微妙心理，所以暗地裡讓對方覺得「被我這樣拒絕，絕對不會阻礙你目的的達成」。這種方法，在主管面試應徵者或拒絕部下的請示時經常使用，雖然結果相同，但要讓對方覺得說「不」，並不是為了你個人，而是為了讓對方有好處，這不僅不會損害到對方的感情，而且還可以讓對方順利地接受你所說的「不」。

利用對方所喜歡的話題去表達「不」的意圖

幾年前，我在開始指導學生論文時，發生了這樣的情況，說來奇妙，學生和老師之間，似乎有所謂的投緣與不投緣的情形。當老師的人或許不應該說出這種感覺才對，即使彼此之間不是很投緣，也要應用各種方法來加深彼此的感情，才是作為一個教師的任務。指導不投緣的學生，相當耗費精力，因為這種情形指導下的學生常常會「不及格」，加上雙方的意見又很難溝通，所以想讓對方寫出理想的論文來是不太可能的。在這種無法啟齒溝通的情況下，根本不可以給合格的分數，這對雙方來說都是不愉快的經歷。

約在兩年前我就指導了一位這類學生，果然不出所料，論文成績不盡理想，但我不敢直接表現出來，所以想出了一種方法，那就是向他詢問什麼事他最感興趣，結果他說，他喜歡狗，甚至已到瘋狂的地步。恰好我和家人都是愛狗的人，所以我們約有半小時的時間，都在討論狗。

而當話題告一段落時，他突然自己開口說他的論文確實有些不太好，自己想朝另一個主題去發展，主題是有關寵物的熱潮，計劃一面談論寵物，一面分析現代家庭的結構，結果，他的論文進行得很順利，成績也十分理想。

老實人要讓自己的「不」使對方無法抗拒，不妨利用對方喜歡的話題，會十分有效。這種利用話題讓對方自動地和自己說話，達到讓對方接受「不」的目的，不僅不會讓對方感到不悅，而且也不會讓對方感到欲求沒得到滿足。比起強制對方接受「不」的方法，這種引誘對方接受「不」的方式，可以說有效得多。

緩和對方的排斥感

同樣的說「不」，常因為表述方式的不同而有不同的結果。有時說「不」的時機不恰當，會讓對方感到不悅。同時，時間長了所交往的朋友或親信，也會因此而斷絕。

但反過來說，有些因為說「不」，而在日後成為親密朋友的例子也不少。

同樣是說「不」，結果為什麼會有這麼大的差別呢？原因就在於對方被拒絕時，所擁有的排斥感程度不同。要讓對方不會感到不悅，坦承地接受你所說的「不」，首先要以排除這種排斥感為前提。

緩和對方排斥感的第一原則是，和對方之間造成心理距離。這和所謂的物理距離不同，即使身體和身體很接近，仍可以在心理上造成非常遙遠的距離。在這方面，語言是十分重要的因素，要多利用敬語或客套話，以造成對方看不見的障壁，如此一來，就能使心理距離拉遠。

緩和對方排斥感的第二原則是，在自己心中自覺地刻意造成開口說「不」的心態，而且同時替對方建立可以接受「不」的「心理準備」，這樣，對方會很順利地接受你所說的「不」。

緩和對方排斥感的第三原則是，有關「不」的事後照顧。這就像售後服務一樣，售後服務不好，有時會損害整體的形象，因此從這個角度來看，如果事後的照顧做得不好，會傷害到對方的感情。所以在這裡最重要的是，不要等到非說「不」的時候，才考慮事後的照顧應該怎麼做，而是先想好事後的照顧才說「不」，這和人與人交往時的互相關懷對方，是很有關係的。

說「不」後不讓對方感到不悅，並不是口頭上的技巧，而是你要具有誠心誠意的態度。

說「不」的九招

說「不」不太容易，因為每個人都有自尊心，每個人都不希望別人不愉快，因此很難說出拒絕的話。但不說更不行，誤了別人的事怎麼辦？因此，老實人在說「不」時，可以借鑑以下方法。

第一，學會輕輕地搖頭。

有些公關專家說，在聽完別人陳述和請求之後，輕輕搖頭，會令別人易於接受。

輕輕地搖頭，表示的是拒絕的意思。輕輕地搖頭，程度不要太劇烈，令人比較易於接受。在搖頭之後闡述拒絕的理由，使別人理解而不至於怨恨你。

第二，冷淡有時是一種有效的拒絕方法。

直言拒絕對方的請求，可能會令對方難堪，但如果不表示出對對方所談的話題感興趣可能會免去不必要的麻煩。例如，當某人請你為他介紹一位你很熟識的企業家認識（有功利性企圖）時，你可以說：「你與他純粹是私交，不涉及他的事業。」當有人向你訴說股市風雲，企圖向你借錢時，你可以說：「我對股市沒有興趣，也不太懂。」這樣既能使對方明白你拒絕他的意思，又可以不用直言拒絕。

第三，說些掃興的話表示拒絕。

如果你討厭說話的對方，又不想得罪他，你可以說一些比較掃興的話。比如說含有「反正」、「但是」等這樣詞語的話，或在對方說話時不表示興趣，僅僅以「嗯，是嗎？」作回答，或在對方極有興趣地問你問題時回答：「也許吧！」「可能吧！」，這都是一些暗示，會令對方體會出你對他的反感而退避三舍，更不會提出什麼要求了。

第四，經常打斷談話，阻止對方提出要求。

當人們興致勃勃地提出某些話題時，如果經常被打斷，會大大喪失談興。如果被打斷的次數太多，可能會主動結束談話。因此，如果不想讓對方提出要求，不妨採取這種方法。

打斷對方時要注意方法，可以裝做沒聽清楚，不斷問對方：「什麼？再說一遍。」、「對不起？」、「打斷一下。」也可以在對方說話的間隙插入另一話題，使談話「偏離」。這種戰術不宜常用，否則極易成為被人討厭的人。一般的原則是，如果是不想遇見的人，知道他會提出非分的要求，就多採用此種戰術，讓他無法順利提出自己的要求。

第五，幽默詼諧，笑著拒絕。

當有人拜託幫忙自己辦事時，對於容易辦到的事情可以順口應承，盡力幫忙；而對於你來說不容易做到的事情，一定不要礙於情面，硬著頭皮接受他們的請求，而要堅持自己的原則和立場，學會運用幽默詼諧的語言，笑著說「不」。這種方法或叫「聲東擊西」法或稱「迂回轉進」法，不是直接拒絕，而是希望對方能領會意圖，知難而退。

幽默詼諧、委婉含蓄的拒絕方式，既能讓對方感覺出你的無可奈何、他請托的事對於你來說確實是一個難題，又能讓對方感覺到你的巧妙生動的拒絕藝術。

第六，巧妙拒絕。

拒絕別人的請求，尤其是拒絕那些脾氣刁鑽古怪、仗勢欺人或心胸狹窄、沉默寡言這一類性格執拗的人是件很麻煩的事，因為他們在求人辦事之前會有想當然的念頭，很難全面地考慮你的處境以及此事會對你造成怎樣的影響。因此，你得學會把拒絕的理由講得非常巧妙，讓他們真正地體諒你。

在日常裡，直來直去雖爽快，有時也很受人歡迎，但這要看對象而定。對某些事情，你最好採取迂迴對策，拐著彎拒絕他的請托，使他保住面子，最終獲得他的體諒。如果你處理得當，即使你不能幫他實現願望，也同樣可以獲取他的同情。

巧妙講出自己的難處，並透過推理來判斷此事的過程，讓他明白做成此事你將會付出許多不必要的損失，而這對他也是無益的，甚至可能還會影響他的利益，因此，讓他自動放棄，這對於你或他都是有利的。他考慮全面後，也就會真正地放棄了。

第七，轉移重點。

轉移重點，改變話題是拒絕的一門藝術。《左傳・昭公二十年》中有一句話：「獻其可，替其否。」

「獻可替否」已成為一句成語，意思是建議可行的而替代不該做的。別人所託之事，可能會千奇百怪，對於違背原則之事，應在講明道理之後，幫助想一些別的辦法作為替補。因為一般的人都有一種補償心理，你想的辦法也許不很理想，但你已經盡力了，對方的情感便得到了滿足，這在一定程度上減少了他的失望感。如果你的辦法幫助別人圓滿地解決了問題，那別人會更滿意。

第八，錚錚傲骨，直接拒絕。

如果你採用了許多拒絕的方法，而對方就是不死心，還是一味地死纏爛打，那你就應該直截了當地回絕，要勇於說「不」，不要給對方以任何餘地。

儘管一口回絕可能得罪人，但自己可以落得踏實，特別是針對主管和同事之間的要求，有時更應該採用一口回絕的方法。

第九，敷衍含糊，趁機拒絕。

敷衍式的拒絕是最常見、最常用的一種拒絕方法。敷衍是在不便明言回絕的情況下，應付請求人。敷衍是一種藝術，運用好了會取得良好的效果。比如有一次莊子向監河侯借錢，監河侯敷衍他，說道：「好！再過一段時間，等我去收租，收齊了，就借你三百兩金子。」監河侯的敷衍很有水準，不說不借，也不說馬上借，而是說過一段時間收租後再借。這話有幾層意思，我目前沒有，現在也不能借給你。而且我也不是富人，再過一段時間也不能確定，到時借不借再說。莊子聽後已經很明白了，但他不會怨恨什麼，因為監河侯並沒有說不借，只是說過一段時間再說而已，還是有希望的。

可偶爾使用的緩兵計

有很多時候出於各種原因，比如礙於面子，對方來歷須重視等，我們不能過於直接地拒絕他人的要求，這時不妨先答應下來，然而再用客觀困難給他一個交代。例如有一天別人為親戚找份工作等等諸如此類的事找你幫忙，而你又無能為力，該怎麼辦呢？假如你馬上一口拒絕的話，對方極可能就會認為你不肯幫助他，甚至你們的關係因此而僵化，說不定以後你可能有什麼事要找到他幫忙，儘管他是有能力幫助你的，但對方卻記起前「仇」以牙還牙。你不妨這樣去做，即請對方寫一份詳細資訊的報告交給你。

幾天後親自上門拜訪，說：「真對不起，你拜託的事目前都已落空了，等以後有機會再說吧。」

不過，這種方法不宜常用，只能偶爾為之作為應急之法。經常為之，定會露出破綻，遭人指責。因為大多數人都喜歡言出必行的人，卻很少有人會用寬宏的尺度去諒解你不能履行某一件事的原因。我們常常聽見某人埋怨別人，說：「分明答應了我……但……」

如何對固執的人說「不」

有些人喜歡自以為是，堅持自己的意見，總以為只有自己的想法是最高明的。當你想要拒絕這種人時，一定要先好好考慮一番。

首先，你必須自始至終很有耐心地把對方的話仔細地聽一遍。一個人在說話的時候，心裡一定也留有一個空間來容納對方所講的話，當你完全聽完對方的話後，心裡就會有了說服對方、拒絕對方而又不讓對方難堪的方法。

第一，替對方留一個退路。

舉例來說，小張的心目中已經有了一個理想的遊玩景點，這時有一位朋友很熱心地向小張推薦另一個景點，並極力邀請小張一同前往。此時，老實的小張會感到非常為難。

這種情形之下，小張應該想出一個巧妙的方法來解決。

小張可以告訴朋友說：「我已經找了一個適合自己的旅遊景點。不過，我認為你推薦的那個地方也不錯，有空的話，我會到那裡去玩玩的。」

在此小張必須注意的是，即便自己心目中已經有了理想的目的地，也不可任意批評其他景點。

他只能客觀地建議：「我們兩人各自喜歡不同風格的景點，到時我們再來交換心得享受一下不同的樂趣，如何？」

這樣客觀而含蓄的推薦，對方一定能夠心平氣和地接受，而且也有助於建立彼此更深厚的友誼。

第二，要預先做好準備工作。

巧妙的拒絕方法，就是要讓對方先充分了解情況，然後再加以拒絕，換句話說，你必須具備充分的理由才行。

拒絕的時候，也不要採取低姿態以求得對方原諒，畢竟這種方法並不是最好的。你除了要考慮人際關係，還要留意自己的言行舉止。

如何對主管說「不」

主管委託你做某事時，你必須善加考慮，這件事自己是否能勝任？是否違背自己的良心？然後再做決定。

老實人心太軟，又愛面子，為了一時的情面，往往即使是無法做到的事也接受下來。縱然是很照顧你的主管委託你辦事，但你若實在是做不到，就應很明確地表明態度，說：「對不起！

我做不到。」這才是真正聰明的老實人。

如果你認為這是主管拜託你的事不便拒絕，或因拒絕了主管會不悅，而接受下來，那麼，此後你的處境就會很艱難。這種因畏懼主管而勉強答應，答應後又感到懊悔，就太遲了。

主管所說的話有違道理，你可以斷然地說「不」，這才是保護自己之道。假使主管欲強迫你接受無理的難題，這種主管便不可靠，你更不能接受。

儘管下屬隸屬於主管，但下屬也有他獨立的思考方式，也有權接受與拒絕，不能什麼事都不分善惡是非地服從。倘若你的主管以往曾幫過你很多忙，而今他要委託你做無理或不恰當的事，你更應該斷然地拒絕，這對主管來說是好的，對自己也是負責的。

此外，限於能力，無論如何努力都做不到的事，也應拒絕。但是這有一個前提，即是否真的做不到，應該確實地衡量一下，切不可因懷有恐懼心而不敢接受。經過多方考慮，提出各種方案後，是否再加上勇氣來突破它？都需要考慮清楚。考慮後，認定實在無法做到，才可以拒絕。

當然，拒絕主管更要講究方法，採用什麼辦法才能讓主管接受，這裡面也是很有學問的。

第一，由此及彼，委婉說「不」。

當主管提出一件讓你難以做到的事時，如果你直言答覆做不到時，可能會讓主管損失顏面，這時，你不妨說出一件與此類似的事情，讓主管自覺問題的難度，而自動放棄這個要求。

第二，佯裝盡力，不了了之。

當主管提出某種要求而屬下又無法滿足時，設法造成屬下已盡全力的錯覺，讓主管自動放棄其要求，也是一種好方法。

比如，當主管提出不能滿足的要求後，就可採取下列步驟先答覆：「您的意見我懂了，請放心，我保證全力以赴去做。」過幾天，再彙報：「這幾天某人因急事出差，等下週對方回來，我再立即報告他。」又過幾天，再告訴主管：「您的要求我已轉告了，他答應在公司會議上認真地討論。」儘管事情最後不了了之，但你也會為主管留下好感，因為你已造成「盡力而做」的假像，主管也就不會再怪罪你了。

通常情況下，人們對自己提出的要求，總是念念不忘。但如果長時間得不到回音，就會認為對方不重視自己的問題，反感、不滿由此而生。相反，即使不能滿足主管的要求，只要能做出些樣子，對方就不會抱怨，甚至會對你心存感激，主動撤回已讓你為難的要求。

第三，利用「團隊」，掩飾自己說「不」

例如，你被主管要求做某一件事時，其實很想拒絕，可是又說不出來，這時候，你不妨拜託其他兩位同事，和你一起到主管那裡去，這並非所謂的三人戰術，而是依靠「集團」替你做排斥來說「不」。

首先，商量好誰是贊成的那一方，誰是反對的那一方，然後在主管面前爭論。等到爭論過一會兒後，你再出面贊成反對的那一方：「原來如此，你說的真有道理。」

這樣一來，你可以不必直接向主管說「不」，就能表明自己的態度。這種方法會給人「你們是經過激烈討論後，絞盡腦汁才下結論」的印象，而包含主管在內的全體人士，都不會有哪一方受到傷害的感覺，從而主管會很自然地自動放棄對你的命令。

第四，斟字酌句，慎用否定字眼。

拒絕主管的時候盡量不要用否定對方的字眼。與主管交涉，遇到你必須拒絕的事情，你可以尋找一些推託之詞。如：

「待我考慮考慮再答覆你吧！」

用這種辦法，可以擺脫窘境，既可不傷害主管的感情，又可使對方知道你有難處，比乾脆毫不含糊地講「不」要強得多。

拒絕主管，一定要講究策略。婉轉地拒絕，對方會心服口服；如果生硬地拒絕，對方則會產生不滿，甚至懷恨、仇視你。

另外，避開實質性的問題，故意用模棱兩可的語言做出具有彈性的回答，既無懈可擊，又達到在要害問題上拒絕做出答覆的目的。

如何對朋友說「不」

答應幫別人辦事，首先看自己能不能辦到，這是人人都明白的道理。可就有那麼一些人不自量力，對別人請求幫助的事情一概承擔下來，事情辦好了什麼事也沒有，如果辦不好或只說不做，那就是不守信用，朋友就會埋怨你。

一個有權有利的人更應該注意，因為你有權，別人包括親戚朋友委託你辦事的人肯定很多。這時你應該擬定一些策略，不能輕易答應別人。有的朋友委託你辦事可能不符合倫理道德，這樣的事最好不要許諾，而是當面跟朋友解釋清楚，不要為朋友留下什麼希望，不然，朋友會認為你不幫忙；有的朋友找你辦事可能不違反倫理，但有難度，就跟朋友說明，難度很大，自己只能試試，辦成辦不成很難說，你也不要抱太大希望，這樣做是為自己留有餘地，萬一辦不成，也會有個交待。

當然，對於那些舉手之勞的事情，還是可以答應朋友，但答應了以後，無論如何也要去辦好，不可今天答應了，明天就忘了，待朋友找你時，你會很不好看。

我們在這裡強調不要輕率地對朋友做出許諾，並不是一概不許諾，而是要三思而後行。盡量不說「這事沒問題，包在我身上了」之類的話，為自己留一點餘地。

對待朋友的要求，要注意分析，不能一概滿足。因為不分青紅皂白一概滿足，有可能引火

自焚。因此，必須搞清楚朋友的要求是正當的，還是不正當的，是不是符合原則或規範。千萬不能礙於情面，有求必應。

對待朋友的要求，是否要拒絕，如何拒絕呢？下面幾點可供你借鑑：

第一，分清目的。

朋友要求你幫助或希望與你合作完成某事時，你必須首先清楚是什麼事？動機是什麼？目的何在？如果是正當的，在你力所能及的範圍內可盡量提供幫助，以盡朋友之誼。假如朋友的要求，你認為超越了正常範圍，就應毫不猶豫地拒絕他。

第二，態度堅決。

無論對方的要求多麼強烈，只要你認為不能接受，便要態度明確、堅決地予以拒絕，不能留有餘地。「實在抱歉，我無能為力」、「對不起，我沒有辦法答應。」也不要替他出主意，否則，你仍難脫關係，說不定他還會來找你，請你想辦法。

第三，接受指責。

遭到了你的拒絕，使對方的要求不能達到，他必然會對你加以指責。對此，你可以表示接受。這裡，需要注意的是，千萬不能中了對方的激將法。比如他說：「我就知道你可能做不到，看來果然如此。」對此，你不妨報之一笑，承認自己能力有限，「做不到」他要求的事。

第四，消除愧疚。

拒絕朋友的要求，朋友可能會愁眉苦臉，唉聲嘆氣，這時候，你沒必要自責，沒必要感覺愧疚。既然拒絕，你自然有拒絕的理由。最好的做法是，用你的理由來消除內心的愧疚，達到心理的平衡。

第五，電話拒絕。

有時候礙於面子，當面不好意思拒絕朋友。這種情況下，你可以讓朋友先回去，告訴朋友等你考慮後再給他答覆。然後，打個電話把你的意見告訴他。這樣，雙方不見面可以避免不好啟齒或避免造成尷尬。

如何對下屬說「不」

某公司的負責人說：「要成為主管的必要條件之一，就是要會說『不』。」

說「不」字非但要有勇氣，也要有意志力。對於是非判斷的事情，如果對方是錯的，說一聲「不」就可以解決了！然而有很多事情，都是各執己見，各說各話，對方如執拗不肯甘休的話更是費事。有時會讓人認為，或許是自己錯了也說不定！此刻若能毫不猶豫地說「不」，確實需要堅強的意志和嫻熟的技巧。

舉個例子，某市長要開展都更的工作。以往在進行這類工程時，通常所邀請的多半是建築專家，可是這位市長，為了要建設更理想的新都市，所以邀請了生物學者、社會心理學者、語言學者等等特殊的人物，打算利用這些人的專門知識，創造一個更理想的居住空間。

可是他所想出來的這個構想，僅僅討論了兩三次就有了結果，但卻不能實行，而理由只有一種，那就是當一位學者在發表意見時，其他的學者都不發表意見，所以到最後根本無法歸納成一種計畫。例如輪到生物學者發言時，其他出席的學者，都被對方輝煌的成就所影響似的完全同意。接著，當語言學者提出和生物學者互相矛盾的意見時，與會的學者又很贊成他說的話，所以，最後變成自說自話的結果。

為什麼他們沒有辦法自由地討論呢？最大的原因是在於他們個人所擁有的特殊成就和地位，反而成為他們最大的障礙，而這種人發言所獲得的權威性效果，就是心理學上所謂的「光暈效果」，影響了他們自由發言。

通常人們很容易依照對方的頭銜或容貌去判定事情，如一看到高級精美的物品，或是價格較為昂貴的化妝品，心裡面會認為比較好。

所以想說「不」時，不妨利用這種具備「光暈」效果的人所說的話，讓對方不得不接受，而這種方法，可以說是古今中外常常被使用的。

此外，如果你是個喜歡面帶微笑與人交談的人，不妨在表示不接受對方意見時讓微笑中斷，這樣會表現出「我不懂你在說些什麼」或是「和你已經不是夥伴」的資訊。也就是說，想讓對方的感情溝通中斷，只要利用微笑中斷就可以了。如此一來，對方心裡會感到不安，開始擔心他說話內容可能被完全否定掉了。

老實的主管如果不學會說「不」，很容易變成一個沒有威信的人，無法受人敬重。

如何對求愛者說「不」

如果愛你的人正是你所愛的人時，被愛是一種幸福。但是，假如愛你的人並不是你的意中人，或者你一點也不喜歡他（她），你就不會感覺被愛是一種幸福了，你可能會產生反感甚至是痛苦，這份你並不需要的愛就成了你的精神負擔。

別人愛你，向你求愛，他（她）並沒有錯；你不「來電」，你拒絕他（她）的愛，你也沒錯。最關鍵的是看你怎樣拒絕。如果拒絕得恰到好處，對雙方都是一種解脫，也可以免去許多麻煩。如果不講方式，不能恰到好處地拒絕別人求愛，你就可能犯錯誤，不但傷害他人，說不定也危害自己。

初次結交異性朋友，你也許曾經有過這樣的左右為難，因為她或他的條件實在讓人愛不起來。但是，由於是你的主管介紹的，或者是主管的子女，使你在拒絕上產生了猶豫。雖然每次見面都會使你感到不舒服、不愉快，但你一想到對方的身分、主管的威嚴，屢次想謝絕卻又不好出口。你被這份多餘的愛折磨得痛苦不堪，又不知該如何去做。生活中處在這種矛盾中的人太多了。

怎樣對愛你的人說出你的不愛，並在不傷害對方的情況下，讓對方接受這個事實呢？拒絕求愛的方法有多種，從形式上，可以用書信，可以口頭交談，也可以委託別人。但不管用什麼樣的方法，一定要做到恰到好處。

你若已有意中人，又遇求愛者，那麼就直接明確地告訴對方，你已有愛人，請他另選別人，而且一定要表明你很愛自己的戀人。但此時，切忌向求愛者炫耀自己戀人的優點、長處，以免傷害對方的自尊心。

倘若你認為自己年齡尚小，不想考慮個人戀愛問題，那就講明情況，好言勸解對方。

對自尊心較強的男性和羞澀心理較重的女性，適合委婉、間接地拒絕。因為有這類心理的人，往往是克服了極大的心理障礙，鼓足勇氣才說出自己的感情，一旦遇到斷然的拒絕，很容易感覺受傷害，甚至痛不欲生，或者採取極端的手段，以平衡自己的感情創傷。因此拒絕他們的愛，態度一定要真誠，言語也要十分小心。你可以告訴他（她）你的感受，讓他（她）明白你只把他（她）當朋友，當同事或者當兄妹看待，你希望你們的關係能保持在這一層面上，你不願意傷害他（她），也不會對別人說出你們的祕密。

你不妨說：「我覺得我們的性格差異太大，恐怕不合適。」

「妳是個可愛的女孩，許多人喜歡妳，妳一定會找到更合適的人。」

「你是個很好的男人，我很尊重你，我們能永遠當朋友嗎？」

如果這些自尊和羞澀感都挺重的人沒有直接示愛，只是用言行含蓄地暗示他們的感情，那麼，你也可以採取同樣的辦法，用暗含拒絕的語言，用適當的冷淡或疏遠來讓他（她）明白你的心思。

要記住，拒絕別人千萬不要直接指出，或攻擊對方的缺點、弱點，因為這樣會傷害對方的自尊心。所以，不能以一種「對方不如自己」的優越感來拒絕對方。特別是一些條件優越的女青年，更不能認為別人求愛是「癩蛤蟆想吃天鵝肉」，一推了之，或不屑一顧，態度生硬，讓人難以接受。

如求愛者是那種道德敗壞或違法亂紀的人，你的態度一定要果斷。拒絕時要冷淡，對這種人沒有必要斥責，只需幾句話，表明態度即可，但措詞語氣要嚴謹，不使對方產生「尚有餘地」的想法。

對嫉妒心理極強的人，態度不必太委婉，可以明確地告訴他（她），你不愛他（她），你和他（她）沒有可能，這樣可以防止他（她）猜忌別人。如果你另有所愛，最好不讓他（她）知道，否則可能加劇他（她）的嫉妒心理，甚至被激怒而採取極端的報復行為。

另外，對方在你回絕後，如果還一直纏著你，那麼你首先要仔細檢查一下自己的回絕態度是否明確和堅決，對方是否產生了誤解。對求愛的人說「不」，原則上應該用柔性的態度；但對於死纏爛打的求愛者，老實的你則完全有必要強硬起來。

第四章　聰明應對各種變局

一個盲人拜訪朋友，閒聊到深夜才回家，朋友給他一盞燈籠，以方便他行走。

盲人說：「我是個瞎子，提燈籠又有何用？」

朋友說：「雖然你是個瞎子，但是天色很暗，你提著燈籠別人可以看到你，就不會把你撞倒了。」

盲人提著燈籠上路，沒想到走到半路就被人撞倒了。盲人很生氣地說：「你眼睛瞎了嗎？爲何把我撞倒？」

路人回答說：「對不起，我沒有看到你。」

盲人大惑不解：「我提著燈籠，爲什麼你看不見呢？」

路人說：「先生，燈籠裡的火早就滅了呀！」

當朋友給盲人一盞燈時，盲人就以爲燈籠是自己的依靠，可以照亮路途，也可以讓別人看到自己。盲人接受了朋友的觀念，並轉化爲自己的觀念，但卻沒有考慮中途的環境變化（風把燭火吹熄），自以爲亮光還在，最終還是發生被撞倒的情形。

其實，很多老實人的行爲，也像這個盲人一樣，總是按照一套固定的模式去處理問題，結果不但沒把問題解決好，反而弄得更糟。其原因就是墨守陳規，缺乏應變能力。

一葉落知天下秋

「一葉落知天下秋。」這是孔子的一句名言，意思是透過細微的現象，可以洞察事物的演變，預測未來的趨向。實際上，這是見微知著的形象化表述。

在複雜的人際交往和激烈的社會競爭中，見微知著尤為重要。它是勝利的前奏，避禍的法寶，它是人的智慧靈光的閃現。古往今來，有識之士無不重視。

見微知著主要有以下幾個方面。

第一，察言觀色。

人的喜怒哀樂難免形諸於色，儘管有人城府很深，掩藏不露，但總不能沒有蛛絲馬跡。察言觀色就成為了解人和事物的一個通用方法。

齊桓公早朝時和管仲商量要攻打衛國，退朝回官後，一名從衛國獻來的妃子看見了他，就走過來問齊桓公，衛國有什麼過失？齊桓公很驚奇，問她為什麼問這件事。那妃子說：「我看見大王進來，腿抬得高高的，步子邁得大大的，臉上有一種強橫的神氣，這都是要攻打某個國家的跡象。並且看到我時，臉色全變了，這分明是要攻打衛國。」

第二天，齊桓公早朝後，管仲召他進來。管仲說：「大王不想攻打衛國了嗎？」齊桓公驚訝地問：「你怎麼知道的？」管仲笑著說：「大王上朝時做了一揖，並且很謙恭，說話的聲調也很緩和，見到我面有愧色，我由此判斷您改變了主意。」

第二，行為分析。

人是有理性的動物，人的行為大多是有目的有計畫的。從一定意義上說，人的行為是人的心理活動的結果。而人的心理藏於內心深處，如果本人不願意流露，很難把握。但心理總是要透過一定的跡象外現出來，「寓於內必形之於外」，而人的行為就是心理跡象之一。為此，從現象發現本質，從行為觀察心理，就成為識人知事的一條重要途徑。

第三，言論判斷。

從一定的意義上說，言語是一種現象，人的欲望、需求、目的是本質。現象是反映本質的，本質總要透過現象表現出來。言語作為人欲望、需求和目的的表現，有的是直接明顯的，有的是間接、隱晦的，甚至是完全相反的。對於那些直接表達內心動向的語言來說，每個人都能理解，而那些含蓄隱晦甚至與心理動向完全相反的言語，就不是每個人都能理解了。人與人的差別，也就在這裡，若能夠舉一反三、反過來想想，倒過去看看，最後透過言談話語，發現人的深層動機，那就說明，你比別人聰明得多。

明朝洪武元年，浙江嘉定安亭有一個叫萬二的人，他在安亭堪稱首富。一次，有人從京城辦事歸來，萬二問他在京城的見聞，這人說：「皇上最近作了一首詩，詩是這樣的：『百僚未起朕先起，百僚已睡朕未睡。不如江南富足翁，日高丈五猶蓋被。』」萬二一聽，嘆口氣說：「唉，跡象已經有了！」他馬上將家產託付給僕人掌管，自己買了一艘船，載著妻兒和貴重的黃金，向江湖泛遊而去。

兩年不到，江南大族富戶都被收繳了財產，門庭破落，只有萬二倖免。

第四，究之情理。

所謂究之情理，就是考察事物和行為是否合乎規律。事物的存在和運行都是有規律的，當你發現一個事件或行為是不合乎規律的、是反常的，那肯定另外有原因，如果找到了這個原因，便發現了事物的本來面目。

第五，由近察遠。

事物的運行和發展，都有其慣常的秩序和規律性，無緣無故、雜亂無章的事物是不存在的。如果我們善於發現、收集並分析整理事物的現象，就能見人所未見，知人所未知，對事物的發展趨勢和結局，有一個清晰的把握，即高瞻遠矚、預知未來。

偉人和凡人、聰明和平庸，差別只在尺寸之間。就是在那很微小的地方，有的人發現了重要的甚至石破天驚的事件，有的人卻視而不見。因此，老實人活在世上，絕不可忽略小事，往往就在對眼前的一件小事的認識上，就在對一個人舉手投足的認識上，一失誤成千古恨！對此，不可不慎啊！

向河馬學習

河馬，動作慢條斯理，外表溫柔敦厚，是一個十足的「老實人」。不過，這只是牠的表面現象而已。在偶蹄類動物中，河馬算不上最凶悍，但也不能列入善良之輩。特別是在保衛自己的時候，不鬥則已，鬥則必欲置敵於死地。按說，河馬雖然不能說是弱者，在強手林立的動物界中，卻也未必就能稱雄。但因為河馬有一套剋敵制勝的本領，所以陸上的獸中之王獅子和水中的凶殘殺手鱷魚都不得不懼其三分。原來河馬體態雖笨，頭腦卻聰明得很，牠克敵的奧祕在於，善於把陸上的來者引至河邊，然後拖進水中淹死；又善於把水中的來者拖到岸上，然後用腳踩死。如此這般，使其得以充分發揮己之所長，而又有效地抑制對手專長的發揮。這就是河馬得以稱霸水陸的高明之處。

敵與我，是一個對抗性最激烈的矛盾體。因此，兩者之間的利與害總是相對的。我之利，則是敵之害；敵之利，則是我之害。

在複雜的軍事鬥爭中，智高一籌的謀略家，由於能夠正確地認識和把握其間的利害，利用和造成有利於我的條件，制定有利於我的作戰方法，去造成和擴大敵之不利條件，常可收到「兵不動而利可全」的效果，陷敵於必敗之地。

建安十三年，孫權和劉備與曹操在今湖北江陵至漢口間的長江兩岸地區進行的赤壁之戰，孫、劉聯軍以五萬之兵，打敗了號稱八十萬的曹軍，就是趨利避害的著名戰役。

曹操在官渡之戰以劣勢兵力大敗袁紹十萬大軍後，統一北方，形成獨占中原之勢，促使其稱霸天下之心進一步膨脹。建安十三年，曹操率軍南下，奪荊州，占江陵，準備順流而下吞滅東吳。面對曹軍的洶洶來勢，東吳許多大臣都力主投降。劉備的軍師諸葛亮卻指出，曹軍雖眾，但遠跋而來，已是強弩之末，孫劉聯合起來，必能破曹。周瑜則作了更細微的分析，曹軍自稱八十萬，實際北方士兵只有十五萬，所收降的劉表軍隊，也不過七萬餘人。曹軍的強處是善於騎馬在陸地交戰，卻不懂水戰。現在正值寒冬，馬無糧草，曹軍陸騎的優勢就無法發揮，而長江水戰正好能充分發揮我們的優勢。所以曹軍雖多，卻並不可怕。結果正如周瑜所言的一樣，曹操怕不諳水性的軍隊在船上站立不穩，就命令把戰船用鐵鍊、鐵釘鎖在一起。周瑜部將黃蓋看到曹軍船隻首尾相連，難以機動，便建議用火攻。一天夜晚，東南風大作，黃蓋率數十艘載著柴草油脂的小船，直駛北岸曹營，當船接近曹軍時，將小船上的柴草點著，著火之船順著風勢向曹軍的船隻撲去，頃刻間幾十隻相連的戰船化作一片灰燼。大火延及岸上軍營，曹軍死傷慘重。於是，孫、劉聯軍乘勢率兵追殺，致使曹軍大敗。

在現實社會中，我們會面對形形色色的競爭對手。如何充分發揮自己的優勢，而又有效地抑制對方特長的發揮，使自己左右逢源，游刃自如呢？我們不妨虛心地向河馬學習，靈活運用「趨利避害」的高超處世謀略。

巧用沉默的力量

老實的人往往話都不多，這種沉默，除了可以避免「禍從口出」之外，還具有驚人能量。在佛教中，「沉默」具有特殊的意義。

所以老子說：「真正的雄辯與訥言相同。」

西方人說：「雄辯是銀，沉默是金。」

「不言而言」這句話出自莊子，指人以沉默的方式來說服別人，用無言戰術來達到目的。

周武王占駐殷後，聽說殷有個長者，武王就去拜訪他，問他殷之所以滅亡的原因。這個長者回答說：「大王想知道這個，那麼就讓我在中午的時候來告訴你吧。」然而到了中午，那位長者卻沒來，武王因此很生氣，暗暗責怪他。可是周公說：「我知道了，這位長者真是君子呀！他義不誹主。和人約好了而不來，言而無信，這不正是殷之所以滅亡的原因嗎？這位長者已經以他的行為告訴大王了。」

還有一例。曹操的二兒子曹植才思敏捷，聰明能幹，很得曹操的寵愛，他一度下決心廢掉太子曹丕，而立曹植。

廢長立幼在封建社會被認為是政治生活不正常的事情，往往會引發動亂不安，所以大臣們總要力爭，往往不惜獻出生命。但做皇帝的人卻往往不願意聽從臣子的意見，雙方會鬧得很僵。曹操也是這樣，自己下了廢長立幼的決心，便不再願意和臣子討論這件事。

有一次，曹操退下左右侍從的人，引謀士賈羽進入密室，向賈詡問話，賈詡卻沉默不語。曹操再問，賈詡還是不答。這樣一連幾次發問後，曹操生氣了，責問賈詡：「和你講話卻不回答，到底為什麼？」

賈詡回答：「對不起，剛才正好考慮一個問題，所以沒有立即回答。」

曹操追問：「想到了什麼？」

賈答：「想到了袁本初、劉景升父子。」

曹操大笑，決心不再廢長立幼。

袁本初、劉景升父子是怎麼回事呢？為什麼曹操聽到這樣簡單的一句話就會回心轉意？袁本初即袁紹，是東漢末年崛起的大軍閥，占據了青、幽、並、冀四州，成為北方最大的割據者。袁紹有四個兒子，譚、尚、熙、實。袁紹認為二兒子袁尚長得像自己，有心培養他為接班人，留他在身邊，而把其他幾個兒子放為外任，讓他們一人領一個州。大兒子袁譚不服氣，於是弟兄兩個各自組成一個派別，彼此爭鬥，勢如水火。袁紹死後，曹操坐收漁人之利，各個擊破了袁譚、袁尚。

劉景升即劉表，東漢末任荊州牧，成為一方霸主。劉表和妻子都喜歡小兒子劉琮，想立他為後嗣。最有實力的將領蔡瑁、張允攀附劉琮，結為死黨。劉表把長子劉琦趕出去，到江夏做了太守。許多大臣便尊奉劉琮為劉家繼承人，於是弟兄兩個結下怨仇，終生不和。

袁紹、劉表都廢長立幼，釀下了苦酒，這些事情又都是剛剛發生過的，「前車之覆，後車之鑒」，曹操為自己長遠的政治利益考慮，自然願意接受批評，改正原來的決定。

賈詡並不是不知道太子的廢立關係重大，他也不可能不提前做周密的考慮，設想多種方案。曹操連問不答，難道真的聽不見？賈詡只是為了使曹操發問，自己為自己製造一種說話的環境而已。曹操一追問，賈詡便很自然地脫口自己早已想好的話。

這種沉默在現代也經常被人們採用。有些政治家在談判時愛裝聾作啞，為了使自己的意見能被接受，故意對別人提出的意見充耳不聞。

看清形勢，順勢而發

戰國時期，魯國有一戶施姓，他有兩個兒子，一個喜好學問，一個則喜好作戰。喜好學問的那個兒子，用他所學去齊國遊說，齊國君主讓他做了公子們的老師；喜好作戰的那個兒子，用他所學去楚國遊說，楚國的君主讓他做了軍官。這樣一來，施家便因此在政治上發跡了。

施家的鄰居姓孟，也有兩個兒子，同樣也是一個習文，一個習武，但孟家很貧困。孟家見施家一下變得很富有，非常羨慕，便去施家請教致富的經驗，施家便把兩個兒子出外遊說而做官的事，告訴了孟家。

孟家習文的兒子用他所學，向秦國君主大講仁義治國的道理，秦王不滿地說：「寡人如果採納你說的仁義治國，必遭滅亡！因為當今各國都是採用武力競爭，所專心做的不過是足食足兵而已。」秦王一氣之下，下令對他行閹割之刑，然後放了他。孟家習武的兒子，用他所學向衛國君主遊說。衛王對他說：「衛國只是一個弱小的國家，夾在幾個大國之中求生存，不得不服從大國，安撫小國，以保平安無事。寡人如果採納你的以武力謀勝的辦法，衛國很快就會滅亡。」衛王心想，如果就這樣放這個人回去，他必定還會去別國遊說武力競爭之事，將對我的國家造成嚴重威脅，於是下令砍斷他的腳，送回魯國。

孟家見兩個兒子的遭遇，不但沒有致富反而遭到如此刑罰，一家人又氣又傷心。於是，孟家非常氣憤地找到施家，又哭又鬧，大加責備。施家心平氣和地解釋道：「我們兩家一直和睦相處，你們有難，我們很能理解和同情。不過，這件事呢，應當總結教訓才是。這中間包含了深刻的道理：『不管什麼樣的人，凡是他的行為符合時宜者就會昌盛，違背時宜者就會危亡。』就我們兩家來說吧，所學和做法都是一樣的，為什麼結果卻完全相反呢？並不是你們的行為做法不對，而是因為你們違反了時宜。天下的道理沒有絕對正確的，也沒有絕對錯誤的。過去所用的道理，現在也許認為過時而不適用；現在要捨棄的，也許將來又要用它。這種用與不用，沒有，一定的是非和準則。看準機會，投合時機，並沒有固定的方式，必須要靠聰明機智。否則，縱使有像孔子那樣的博學，像呂尚那樣的謀略，不合時宜，到什麼地方都擺脫不了窮困！」孟家父子聽了，才恍然大悟，逐漸消除了對施家的怨恨。

同一種做法，結果卻相反，這是經常有的事。施家的所為，因為投合了時宜，而得到昌盛；孟家的做法，由於違背了時宜，反遭禍害。前者做事有針對性，即找準了時機，根據目前的實際情況以所學去投合，目的性明確，自然會產生好的結果；後者做事缺乏針對性，不符合實際情況，甚至還產生抵觸，當然會帶來不好的結果。

老實人在混亂的局勢面前，一定要看清形勢，一切應當從實際出發，具體情況應作具體分析，切不可生搬硬套。同時，必須使言語和行動順應時代和潮流，「識時務」、「合時宜」，也就是掌握住時代的脈搏，才能更恰當地施展聰明才智，否則將會帶來很大的危害。

先下手為強

俗話說：「先下手為強，後下手遭殃。」

漢明帝十六年，班超曾擔任假司馬隨竇固出擊匈奴，殺敵立功。後來又與郭恂一起出使西域的鄯善國。鄯善王開始對班超等人非常熱情，待若貴賓，後來幾天卻突然冷淡疏遠起來。同去的人都感到非常疑惑，不知是什麼原因。班超分析說：

「部善王一直在我們漢朝與匈奴之間搖擺不定，一會兒與漢朝友好，一會兒又與匈奴友好。我想，他對我們的態度變化一定與匈奴有關。會不會是匈奴的使者也來到部善國了呢？」

大家認為班超的分析有道理。於是，班超把接待他們的鄯善國侍者找了一個來，說：

「匈奴的使者來了好幾天了，現在在哪呢？」

侍者不敢隱瞞，只好照實說了匈奴使者的情況和他們的住處。班超於是把侍者綁了起來關在他們住的營帳裡，以免他洩露出去。

然後，班超把他帶領的三十六個人全部找到，一起來喝酒。正喝到興頭上，班超突然站起來說：

「我們一起來到這麼遠的地方，原來是想為國立功而求得富貴。想不到，匈奴使者也來到了這裡，現在大家都感覺到了，鄯善王的態度已明顯地親匈奴而冷淡我們。如果他把我們出賣給匈奴人，那我們恐怕就會死無葬身之地了。怎麼辦呢？」

大家都表示願聽班超的。

班超說：「事到如今，我們只有先下手殺掉匈奴的使者，使鄯善王斷了與匈奴友好的念頭，我們的情況才會有所好轉。」

有人提出是不是要先和郭恂商量一下。班超說：

「事不宜遲，郭恂是個斯文官員，若跟他說，必然打草驚蛇，反而會壞事。」

大家都同意班超的意見。於是，班超做出了縝密的部署。

當天晚上大風呼嘯，班超率領三十六人直撲匈奴使者的營帳。見營帳就燒，逢人頭便砍，匈奴使者還在睡夢中就成了刀下鬼，一共被斬首三十餘人，燒死一百多人。

第二天，班超等人提著匈奴使者的頭去見鄯善王。鄯善王大驚失色，心想已對匈奴王說不清楚，只好死心塌地與漢朝友好了。

班超等人圓滿完成了出使任務，帶著鄯善王的兒子作為人質回到了漢朝。

班超假如不「先發制人」，搶先斬了匈奴使者的頭，使鄯善王沒有退路，必然會受制於鄯善王和匈奴，莫說完成出使任務，恐怕連命也保不住。

很明顯，先發制人是一種快攻戰術，一種偷襲，一種以迅雷不及掩耳之勢進行的閃電戰。因此，貴在出其不意，攻其不備。

這裡沒有什麼先禮後兵，沒有什麼排陣鬥法，只有突然襲擊的計畫，所以，勇氣和決斷是最重要的。然而，老實人最欠缺南就是勇氣和決斷力，這一點必須引起他們的注意。

當然，不僅軍事戰爭如此，市場競爭、人際交往也都需要我們把握先機，處處走在別人前面，才能立於不敗之地。

關鍵時刻保持冷靜

有一位飛行員接受了一項特殊的任務，不是丟炸彈，也不是載送旅客，而是空運一隻老虎。這是一隻成年老虎，腦門的「王」字極有霸氣。牠很不服氣地被關在大鐵籠子裡，總是吼叫幾聲。

飛行員覺得很有趣，他在前面開飛機，身後就是老虎的鐵籠子，和百獸之王距離如此之近，這種情況還真是不多見。

飛機在天空飛行著，飛行員又回過頭去瞧老虎。「天啊！」他不禁一哆嗦，老虎離他只有幾步之遙，正在向他逼近。鐵籠子竟然沒有關好！

緊急之中，他沒有大叫也沒有亂跑，因為他知道即使他這樣做了也無濟於事，相反的，他睜大了眼睛，狠狠地和老虎對視著，像一頭具有威嚴的雄獅。

奇蹟出現了，老虎和他對視了一會兒，竟然自己又走回到籠子裡，飛行員化險為夷。飛行員的冷靜救了他一命。

著名的成功學家拿破崙・希爾曾經這樣說：「我發現，凡是一個情緒比較浮躁的人，在關鍵時刻都不能作出正確的決定，因為成功人士基本上都比較理智。所以，我認為一個人要獲得成功，首先就是要控制自己浮躁的情緒。」

面對一件危急的事，出於本能，許多人都會做出驚惶失措的反應。然而，仔細想來，驚惶失措非但於事無補，反而會增加許多亂七八糟的插曲。

所以，在緊急時刻臨危不亂，處變不驚，以高度的鎮定，冷靜地分析形勢，那才是明智之舉。

棄小利，謀大益

一隻壁虎在牆壁上爬行著捕食蚊子與蛾，牠看到一隻蛾子落在牆根上，立即爬下來，舌頭一伸，便把這隻蛾捲進了嘴裡。這時，蹲在地上的一隻小花貓看到了牆根上的壁虎，立即撲了過去。可是當小花貓碰到壁虎的一剎那，壁虎一下子就爬走逃脫了，只留下一條還在擺動的尾巴，讓小花貓叼走了。

原來，壁虎會利用分身的技能來保存自己的生命。牠的尾巴很容易斷，敵人捕捉牠的時候，只要一碰著牠，尾巴就會自動斷掉，滾到一邊並擺動，吸引敵手撲向斷掉的尾巴，而壁虎則趁機逃跑。壁虎主動斷尾是保護自己的一種本能方式。過不了多久，壁虎又會長出一條新的尾巴來。

壁虎透過主動斷尾來保全自己生命的技能，為老實人在競爭失利時如何保存實力，在險惡的環境中如何求生存提供了可資借鑑的經驗。

古代兵法《三十六計》的第十一計「李代桃僵」中言：「勢必有損，損陰以益陽。」也就是說：當局勢發展必須有所損失時，要捨得局部的損失，以換取全域的勝利。壁虎斷尾，實則是李代桃僵的技能。

要做到李代桃僵，首先要有全域觀念。捨不得犧牲局部利益，就無法換取全域的主動；捨不得甲處的損失，就無法換取乙處的贏得。就像壁虎，如果捨不得斷掉尾巴，就無法保全自己的生命。因此，明智之士，在各種各樣的競爭中總是從全域的利益出發，當局勢發展需要李代桃僵時，便毫不猶豫地運用。

但如何去做，無一定之規。在官場鬥爭中，本來是主帥造成的過失，卻常常讓某一部下代為受過，即人們所說的「替罪羊」，藉以保全自身。在間諜戰中，為了核心人物的安全，常常不惜以犧牲週邊人員為代價，即所謂「丟卒保車」。在戰爭中，以局部犧牲換取全域的主動，或是以甲處的丟失換取乙處的取得，更是數不勝數。如三國赤壁之戰中，詐降曹操的黃蓋為了騙取曹操的信任，也讓周瑜在大帳內當眾打五十大板；抗日戰爭中，狼牙山五壯士為了掩護群眾而主動「引火焚身」，把敵人誘上絕壁，這些都是李代桃僵的成功運用。

採用李代桃僵的戰術，關鍵是善於算帳，長於謀劃，不能簡單以勝負的場次來對比，主要看誰能取得最後勝利。為了最後的勝利而犧牲眼前的勝利是值得的。如果謀劃失當，即便是毀了李樹也不能保住桃樹，「賠了夫人又折兵」，或是李樹本身的價值就比桃樹大，棄大而保小，捨本而逐末，這就是蠢人所為了。

隨機應變

中國古代傳說中，有一種叫「泥魚」的動物。每當天旱，池塘裡的水逐漸乾涸時，其他魚類都因失水而喪失了生命，泥魚卻依然悠閒自得，牠會找到一塊足以容身的泥地，把整個身體藏進泥中不動。由於牠躲藏在泥中動也不動，處於一種類似休眠的狀態，所以可以待在泥中半年、一年之久而不死。

等到天下了雨，池塘中又積滿了水，泥魚便慢慢從泥中鑽出來，重新活躍在池塘中。其他死去魚類的屍體成了泥魚最好的食物。這時牠很快繁殖，成為池塘中的統治者。

物競天擇，適者生存。由於泥魚有這種適應天道的能力，所以成為有不死之身的奇魚。

看來，泥魚比前面所說的盲人聰明得多，其聰明之處就是懂得應變之術。

能不能隨著外界的變化及時調整主體行為，以維護主體自身的利益，這是聰明和愚蠢的分野之一。不管具體情況如何，抱著既定的條條框框，不思修正變革，「一條道兒跑到黑」，這是蠢人的作法；以主體利益為核心，以外界環境的變化為參數，本著靈活機動、具體問題具體分析的原則，進退自如，取捨隨機，這是聰明之舉。

孔子離開陳國到衛國去。這時正好公叔氏在蒲國叛亂，蒲人擋住孔子，對他說道：「你如果不到衛國去，我們就把你送出去。」於是，孔子就和蒲人盟誓，絕不到衛國去，蒲人便把孔子送出東門。可是，出了東門，孔子就向衛國走去。子貢不理解地問道：「盟約也可以違背嗎？」孔子答道：「這是被迫訂的盟約，神靈是不會承認的。」

可以看出，對孔子說來，只要能夠到達衛國，你提出什麼條件我都可以答應，說假話也在所不辭！這就叫不能死心眼！

孔子的行為特點，可稱之為隨機應變。但他所面對的外界環境，並不是白駒過隙，稍縱即逝，相對而言，還有一點時間用來觀察和思考，為此，只要善於進行理性分析判斷並且不「死心眼」，就可以做到。

有些時候，外界環境的變化，極其迅速，特別突然，令人猝不及防，究竟做出什麼樣的反應才是合適的，幾乎來不及思考。這時的舉措言行，大多依賴直覺和靈感。

換一種方法試試

面對自己做不了的事情，一是用同樣的方法，繼續做下去，二是換一種方法，繼續做下去。這是兩種不同的觀念。

經濟大蕭條最嚴重的時候，在多倫多有位年輕的藝術家，他的家庭靠救濟過日子，而那段時間他急需用錢。此人精於木炭畫。但他畫得雖好，時局卻太糟糕了。他怎樣才能發揮自己的潛能呢？在那種艱苦的日子裡，哪有人願意買一個無名小卒的畫呢？

他可以畫他的鄰居和朋友，但他們也一樣身無分文。唯一可能的市場是在有錢人那裡，但誰是有錢人呢？他怎樣才能接近他們呢？

他對此苦苦思索，最後他來到多倫多《環球郵政》報社資料室，從那裡借了一份畫冊，其中有加拿大的一家銀行總裁的正式肖像。他回到家，開始畫起來。

他畫完了肖像畫，然後放在相框裡。畫得不錯，對此他感到非常有自信。但他要怎樣才能交給對方呢？

他在商界沒有朋友，所以想得到引薦是不可能的。他也知道，如果貿然與對方約會，他肯定會被拒絕。寫信要求見對方，但這種信可能無法通過這位大人物的祕書那一關。這位年輕的藝術家對人性略知一二，他知道，要想穿過總裁周圍的層層阻擋，他必須投其對名利的愛好。

他決定採用獨特的方法去試一試，即使失敗也比主動放棄強。

他梳好頭髮，穿上最好的衣服，來到了總裁的辦公室並要求見他，但祕書告訴他，事先如果沒有約好，想見總裁不太可能。

「真糟糕。」年輕的藝術家說，同時把畫的包裝撕開，「我只是想拿這個給他瞧瞧。」祕書看了看畫，猶豫了一會兒後說道：「坐下吧，我待會回來。」

果不其然，祕書馬上就回來了。「他想見你。」她說。

當藝術家進去時，總裁正在欣賞那幅畫。「你畫得棒極了，」他說：「這張畫你想要多少錢？」年輕人舒了一口氣，告訴他要二十五美元，結果成交了。

為什麼這位年輕藝術家的計畫會成功？

第一，他刻苦努力，精於他所擅長的行業。

第二，他敢想敢做，他不打電話先去約好，因為他知道那樣做他會被拒絕。

第三，他想像力豐富，他不想賣給鄰居，而是去找大人物。

第四，他有洞察力，選擇總裁的正式肖像是明智的，他知道這肯定對總裁的口味。

但願上面的故事，能帶給老實人一些啟示。

爭是不爭，不爭是爭

老子說：「夫唯不爭，故天下莫能與之爭。」這句話的意思是，正因為不與人相爭，所以遍天下沒人能與他相爭。

可惜的是，兩千多年來，能參悟和運用這一法則的人非常稀少且珍貴。在名利權位面前，人們常常忘乎所以，一個個失去初衷，為名利爭奪。可到頭來，這些爭得你死我活的人，大都落得個遍體鱗傷、兩手空空，有的甚至身敗名裂、命赴黃泉。

當然，也有深諳不爭之法並獲得成功者。

三國時的曹操，很注重接班人的選擇。長子曹丕雖為太子，但次子曹植更有才華，文名滿天下，很受曹操器重，於是曹操產生了換太子的念頭。

曹丕得知消息後十分恐慌，忙向他的貼身大臣賈詡討教。賈詡一方面做曹操的工作，一方面對曹丕面授機宜。賈詡對曹丕說：「願您有德性和度量，像個寒士一樣做事，兢兢業業不要違背做兒子的禮數，這樣就可以了。」曹丕深以為然。

一次曹操親征，曹植又在高聲朗誦自己作的歌功頌德的文章來討父親歡心，並顯示自己的才能。而曹丕卻伏地而泣，跪拜不起，一句話也說不出。曹操問他什麼原因，曹丕便哽咽著說：「父王年事已高，還要掛帥親征，作為兒子心裡義擔憂義難過，所以說不出話來。」

一言既出，滿朝肅然，都為太子如此仁孝而感動。相反，大家倒覺得曹植只曉得為自己揚名，未免華而不實，有違人子孝道，作為一國之君恐怕難以勝任。畢竟寫文章不能代替道德和治國才能吧。曹操死後，曹丕順理成章地登上了魏國皇帝的寶座。

其實剛開始時，曹丕是極不甘心自己的太子之位被弟弟奪走的，他想爭一爭，卻又明知自己的才華遠在曹植之下，勝數極微，一時竟束手無策。但他畢竟是個聰明人，經賈詡的點化，腦瓜頓時開竅——爭是不爭，不爭是爭。與其爭不贏，不如不爭，我只需老老實實恪守太子的本分，讓對方一個人盡情去表演吧，公道自在人心！最後，這場兄弟奪嫡之爭，以不爭者勝而告終。

曹丕以不爭而保住太子之位，而東漢的馮異則以不爭而被封侯。

名利之鞭不停地抽打人們的脊樑，爭名奪利的事情每天都在發生，有人為的圈套，也有自然的陷阱，它們如同一個巨大的漩渦，把無數人都卷了進去。

對此，老實人最聰明的做法是——迅速遠離它！因為，在橫渡激流時，只有遠離漩渦的人，才會最先登上彼岸。

在逆境中抬起頭

風箏因逆風而高飛，但前提是它要抬起頭。

許多老實人走不出逆境，是因為缺乏「抬頭」的勇氣；能在逆境中抬起頭的人，就會是另外一種樣子。

第二次世界大戰後，受經濟危機的影響，日本失業人數陡增，工廠也很不景氣。一家瀕臨倒閉的食品公司為了起死回生，決定裁員三分之一。有三種人名列其中，一種是清潔工，一種是物流人員，一種是倉管人員。三種人加起來有三十多名。主管找他們談話，說明了裁員意圖。清潔工說：「我們很重要，如果沒有我們打掃衛生，沒有清潔優美、健康有序的工作環境，你們怎麼會全身心投入工作？」物流人員說：「我們很重要，這麼多產品沒有我，怎麼能迅速銷往市場？」倉管人員說：「我們很重要，如果沒有我們，這些食品豈不要被人們偷光？」主管覺得他們說的話都很有道理，權衡再三決定不裁員，重新制定了管理策略。最後主管命人在廠門口懸掛了一塊匾額，上面寫著：「我很重要」。每天當工人們來上班，第一眼看到的便是「我很重要」這四個字。不管哪位員工看見，都認為主管很重視他們，因此工作也很賣命。這句話調動了全體職工的積極性，幾年後公司迅速崛起，成為日本有名的公司之一。

你敢說「我很重要」嗎？試著說出來，你就能激發出挑戰逆境的氣魄！

你可曾沮喪消沉、遭遇嚴重困境？或為自己所犯的錯誤過分自責？你可曾勞而無獲？你這一生中可曾發生個人悲劇？你可曾因疾病或受傷而造成殘障？你是否因為希望破滅而心情沉重？

以上這些情形，都不應妨礙你達到最後月標。陷入困境正如冒險和勝利一般，是生命中必然具備的一部分。偉大的成功通常都是在無數次的痛苦失敗之後才得到的。

不計較已注定的得失

泰戈爾說：「錯過太陽的時候，如果你去流淚，那麼你也將錯過群星。」

有一位商業奇才，他離開大學後就去經商，幾乎從沒有虧本。這樣傲人的成績，使他對自己的能力非常自信。後來，他開始涉足多個行業，如股票投資、房地產投資、廣告，甚至對文化事業進行投資。就在他向多個領域進軍的時候，卻不斷地收到投資失敗的消息，資產虧損很大。他冷靜下來仔細思考，發現自己的創業目標太分散了，憑自己的精力根本無法顧及所有的行業。於是，他拋開以前的得意忘形，老老實實地做起自己最拿手的行業。事隔幾年，人們又看見他叱吒風雲了。

花瓶碎了並不可怕，可怕的是千萬別一不留神把我們的聰明打碎了。

漢靈帝時，太原孟敏出行，途中不慎失手打碎瓦甑（瓦罐），只見他掉頭不顧，徑直前行。名士郭泰感到奇怪，問其故，他答曰：「瓦甑已破，不復能用，顧之何益？」

孟敏善於權衡利弊，深知悲悲切切遠不如輕裝前進好，這才不再計較已有的損失，乾脆利索，只管向前！這個故事給了老實人一個重要的啟發，這就是，在前進的旅途中應該學會權衡利弊，並認定豁達開通遠勝於苦惱煩悶。過去的畢竟已逝，猶如孟敏手中的碎瓦罐。當老實人明白「不復能用，顧之何益？」的時候，重新振作，積極生存，雨後的陽光會更加絢麗！

危機正是轉機

許多人遇到工作或生活中的危機時，往往變得消沉，說出「我算是完了！」之類的喪氣話，而否定自己的未來。但聰明的人卻與此正好相反，他們越是在這樣的時候，越能把發生的一切事情向積極的變化方向引導，在危機中找出轉機並走向成功。

任何成功，都要遭受阻礙，關鍵看你能否重新定位，找到一把神祕的鑰匙。「一扇窗子關閉了，另一扇窗子為我開啟」，受到挫折，正是你站在一個新起點的時候，正是你迎來一個絕佳機會的時候。

在這一點上，日本麥當勞總裁藤田可稱得上是典範。孩童時代，藤田便夢想做一名外交官，為此高中畢業後考入東京大學法學部。但是，有人說他，「你是大阪口音，所以絕對當不了外交官的。」於是，他無可奈何地放棄了。

外交官之路被關閉了，一個實業家之路向他敞開了。一九七一年他創設了日本麥當勞。沒過多久，便將其發展成為外國食品產業在日本的第一大企業。

如果當年藤田總裁如願地做了一名外交官，那麼，也就不會有今天的輝煌。

一條發展道路被封死了，不必絕望。如果能夠在新的發展道路上全力以赴，那麼，取得像藤田總裁那樣巨大的成功，也並非異想天開。

被稱為明治時期美術之父的岡倉天心也歷經挫折。大學畢業前費盡心機終於完成畢業論文，然而就在提交論文的前夕，他那位年輕的妻子病症發作，把他苦心完成的論文投入火中，化成灰燼。

一週內完成一篇大論文談何容易！但岡倉天心並未灰心，重新構思了一篇。這是一篇有關美術方面的論文，令人意外的是，這篇論文獲得極高評價。

這一次意外事件，把岡倉天心推向了成為一個美術評論家的發展道路，並且一路輝煌，真可謂「因禍得福」。因此，你不要因為挫折而放棄，你無法預知前方等待你的是不幸還是幸福……像天心這樣，即使突發無法預料的惡性事件，也不必失望，重要的是把發生的事件向好的發展趨勢去考慮，並積極採取對策。

每一個人的一生，都避免不了遭受危機，但是危機也許正是最大的機遇。所以，從今以後一旦陷入危機之中，應該認識到「危機就是機遇。」

女演員奧黛麗・赫本（Audrey Hepburn）曾立志做一名芭蕾舞演員，但老師認為她不具備這方面的才能，於是只好放棄。日後，她成為了一名深受世界各國人們喜愛的電影演員。

這些取得成功的人，他們原本的志向並不是企業家、美術評論家、歌唱家、演員或者作家，但是，各自都因為不同的情況而不得不放棄最初的夢想。可貴的是，他們在放棄的時候，重新向前望去，打開了另一扇新門，並全力衝刺，從而成為各個領域的佼佼者。如果你因某種原因夢想破滅，不必悲觀失望，因為遭受挫折或者放棄夢想反而大獲成功的事例，在我們生活的世界裡不計其數。

人在遭遇危機時，為了解除危機會絞盡腦汁，而絞盡腦汁地思謀對策，會調動出平時未使用的潛能。因此，越是在大危機的情況下，越會產生出其不意、克敵制勝的高招。

如果能改變思考方式，你就會發現將自己逼入死胡同的危機或挫折，正是發揮一個人潛能的絕佳時期。擁有逆向思維的人會把危機變為機遇，並且獲得比以前任何時期都巨大的成功。

第五章　緩解壓力的藝術

相傳，古時有一種叫蝜蝂的動物，牠的背面很粗糙，能夠放上去很多東西而不掉下來。

蝜蝂有一個特殊的喜好，見到任何東西都想放到自己背上，背著四處走動。

隨著日子一天天過去，蝜蝂身上的東西愈來愈多，愈來愈沉，但牠捨不得放下背上的任何一件東西，因此，牠背上的小山還在日益增高。

終於，蝜蝂因背上的東西使牠的重心過高而從高處滾落，背上的重物正好全砸在自己身上。蝜蝂就這樣死去，並滅絕了。

但在當今老實人中，類似蝜蝂這樣「把所有東西都自己扛」的人不少。這種人生活在極重的壓力之下，卻不懂如何為自己減壓。

人不是鐵打的，鐵打的人也有生鏽的那一天。從現在起，給自己放一個假，幫自己的心情來個大掃除，你會發現，天原來是那麼藍，水原來是那麼綠，生活原來是那麼有聲有色！

生活太累往往是因為不懂節制

「我好累！」這是許多老實人常常掛在嘴邊的話。事實上，我們並不是因為身處紅塵就注定了累，我們可以選擇不累。

俄國作家托爾斯泰寫過一篇故事。有個農夫，每天早出晚歸地，耕種一小片貧瘠的土地，收成很少。一位天使可憐農夫的境遇，就對農夫說，只要他能不斷往前跑，他跑過的所有地方，不管多大，那些土地就全部歸給他。

於是，農夫興奮地向前跑，一直跑、一直不停地跑！跑累了，想停下來休息，然而，一想到家裡的妻子、兒女，都需要更大的土地來耕作、來賺錢，他又拚命地再往前跑！實在是累了，農夫上氣不接下氣，實在跑不動了！

可是，農夫又想到將來年紀大了，養老需要錢，就再打起精神，不顧氣喘不已的身子，再奮力向前跑！

最後，他體力不支，「咚」地躺倒在地上，死了！

的確，人活在世上，必須努力奮鬥；但是，當人為了自己、為了子女、為了有更好的生活而必須不斷地往前跑，不斷地拚命賺錢時，也必須清楚知道何時是往回跑的時候！因為家裡的親人正等你回來呢！

有一隻狐狸，看圍牆裡有一株葡萄藤，枝上結滿了誘人的葡萄。狐狸垂涎欲滴，牠四處尋找漏洞，終於發現一個小洞，可是洞太小了，狐狸的身體無法進入。於是，狐狸在圍牆外絕食六天，餓瘦了自己，終於穿過了小洞，幸福地吃上了葡萄。可是後來牠發現吃得飽飽的身體，無法鑽回到圍牆外，於是，又絕食六天，再次餓瘦了身體。結果，回到圍牆外的狐狸仍舊是原來那隻狐狸。

而與狐狸一樣境況的老鼠則沒有狐狸那麼幸運。這隻倒楣的老鼠，在飢餓時驚喜地發現米缸未蓋好，牠「幸運」地鑽進米缸，吃得圓滾滾的。因為肚皮太圓，老鼠無法從原路出去。第二天，人類打開米缸時，牠甚至連爬動等動作都變得都很笨拙，其命運可想而知。

不要太羨慕那些生活過於富足和奢侈的人。表面上，他們看似很幸福，實際他們也很苦。就如同狐狸吃到了葡萄，可它得有一個絕食六天的過程，這六天可不是一般人能耐得住的。說到底，是吃到了與沒吃到都是那只狐狸。人也是如此，享受到與沒享受到都是你自己。

我們要記住，在索取面前要懂得節制，在誘惑面前要懂得拒絕。

不可苛求完美

事事追求完美是一件痛苦的事，它就像是毒害我們心靈的餌。因為這個世界本來就不是完美的，過去不是、現在不是、將來也不是，它本來就是以缺陷的形式呈現給我們的。我們如果事事追求完美，那無異是自討苦吃。所以哲人說：「完美本是毒。」

從前，一位老和尚想從兩個弟子中選一個做衣缽傳人。

一天，老和尚對兩個徒弟說：「你們出去幫我撿一片最完美的葉子。」兩個弟子遵命而去。不久，大徒弟回來了，遞給師傅一片樹葉說：「這片樹葉雖然並不完美，但它是我看到的最完整的葉子。」二徒弟在外面轉了半天，最終卻空手而歸，他對師傅說：「我看到了很多很多的樹葉，但總也挑不出一片最完美的……」自然，老和尚把衣缽傳給了大徒弟。

「撿一片最完美的樹葉」，人們的初衷總是最美好的，但如果不切實際地一味找下去，一心只想十全十美，最終往往是兩手空空。直到有一天，我們才會明白，為了尋找一片最完美的樹葉，而失去了許多機會是多麼的得不償失。

世間許多悲劇，正是因為一些人熱衷於追求虛無飄渺的完美，而忘卻了任何一種正常的選擇都可以走向完美，完美不是一種既定的現象，而是一種執著與追求的過程。

其實，任何一種平淡的選擇或開始，只要後面的過程得當，其間必定蘊含著許多奇蹟。所以我們應該按客觀規律辦事，不能脫離實際而片面追求完美。

人牛的缺憾有其獨特的意義，我們不能杜絕缺憾，但我們可以超越缺憾，並且在缺憾的人生中追求完美。缺憾可以當作我們追求的某種動力，如果我們能這樣看，就不會為種種所謂的人生缺憾而耿耿於懷了！

有了缺憾就會產生追求的目標，有了目標，就如同候鳥有了目的地，即使總在飛翔，累得上氣不接下氣，有期望的目標，總是能夠堅持下去。

如果事事追求完善，都要拚命做好，這會使我們自己陷入困境。不要讓盡善盡美主義妨礙我們參加愉快的活動，而僅僅成為一個旁觀者，我們可以試著將「盡力做好」改成「努力去做」。盡善盡美主義意味著惰性。如果我們自己制訂了完美的標準，那麼我們便不會嘗試任何事情，也不會有多大作為，因為盡善盡美這一概念並不適用於人，它也許只適用於上帝。因而，作為一個普通人，不必以這個標準來衡量自己的行為。

如果我們將自己的價值與暫時的成敗等同起來，必然感到自己是毫無價值的。想一想湯瑪斯・愛迪生（Thomas Edison），如果他以某項工作的成敗來衡量他的自我價值，那麼他在第一次試驗失敗之後就會認輸，就會宣布自己是個失敗者，並停止用電燈照亮世界的努力。然而他並沒有認輸，失敗是成功之母，它可以鼓勵人們去努力、去探索。如果失敗指出了成功的方向，人們甚至可以視其為成功。正如一位作家說的那樣：「我最近修改了一些名言，其中之一便是將『一事成功，事事順利』改為『一事成功，事事失敗』，因為我們從成功中學不到任何東西，唯一給我們以教益的便是失敗，成功僅僅堅定了我們的信念。」

假如我們的目標切合實際，那麼，通常我們的心情會較為輕鬆，行事也較有信心，自然而然便會感到更有創造力和更有工作成效。我們不是鼓吹放棄努力奮鬥，不過，事實上我們也許會發現，在我們不是追求出類拔萃，而只是希望有確實良好的表現時，反而會獲得一些最佳的成績。

我們也可能用反躬自問的方式來抗拒追求完美的思想，例如「我從錯誤中可以學到什麼？」我們可以做個實驗，想想你犯過的每一項錯誤，然後把從中得到的教訓詳細列出來，千萬別懼怕犯錯，否則我們會失去學習新事物以及在人生道路上前進的能力。

如果說完美是毒，缺陷就是福了。很多人不是都會欣賞「缺陷美」嗎？其實就是一種對缺陷美的肯定。如果事事可以不追求完美，那日子肯定會過得快樂一點。

譬如說，是一個完美主義者，那我的生活理想是吃山珍海味、穿高級衣服、住花園洋房、坐名貴轎車、財要富可敵國……光憑一雙手，能變得出這麼多的把戲嗎？可想而知，在追求這些的過程中，必定是到處碰壁，心為形役，苦不堪言。

相反的，如果是一個知足主義者，那理想門檻不會太高，吃飽就夠了、穿得好看就夠了、遮風避雨就夠了、有大眾運輸就夠了、財產夠用就夠了……

人只有從「完美主義」的厚繭中破繭而出，才能享受到明媚的春光與清新的空氣。

換個角度想問題

有一次，小勇約了兩位多時不見的好友外出吃飯。

小勇開車，三個人在車裡談談笑笑，好不熱鬧。來到一個只能左轉彎的路口，小勇因聊天分心而向前直走，說時遲，那時快，一輛轉向左邊的大卡車像一團可怕的黑影猛地朝著小勇的車撞來。在這千鈞一髮之際，小勇將方向盤大力扭向一邊，只聽得「哐啷」一聲，車子旁邊的後視鏡被卡車整個撞落了，車身也因摩擦而出現了大片的刮痕。

這時，兩位朋友的臉因驚嚇過度而滿臉驚恐無血色。在鴉雀無聲的狼狽裡，小勇向左看看、向後看看，看到他們沒有受到什麼傷害，他那顆狂跳著的、懸著的心，才勉強放下來。

原定的咖啡屋去不成了，沒有了後視鏡的汽車，必須立刻送進修車廠。

久別重逢的喜悅煙消雲散，大家都顯得意興闌珊。朋友心有餘悸，靜默不語；小勇灰頭灰臉，在心中自艾自怨：

「剛才如果不抄捷徑而走大路，不就不會遇到這倒楣的事嗎？還有，那天訂餐廳，如果訂在別的地方，不是可以避掉這場意外嗎？」

自責、懊悔、怨怒，一齊湧上來，一顆心好似被狠狠揉了似的，悶悶的，痛痛的。過了好一陣子，小勇嘗試換個角度來想這個問題，霎時產生了不同的感受。

情況可能壞上千倍萬倍萬萬倍，現在，朋友既不曾受傷，車子又沒有大壞，不是非常幸運嗎？

這樣一想，小勇聚在心頭上的那一片烏雲，頓時便被一股輕快的風吹走了。

把車子送進修車廠後，小勇和朋友事後仍歡歡喜喜地坐計程車去了餐廳吃飯。

任何事情，發生之後，當事者如果一味愚昧地往牛角尖裡鑽，最後一定會活活地「憋死」。然而，只要輕輕地轉個彎，燦爛陽光，康莊大道，都在那等著你。

向自卑說再見

有個人相貌極醜，街上過往行人都要回頭對他多看一眼。他從不修飾，不在乎衣著，彷彿要故意襯托出他那瘦長條似的個子，走路姿勢難看，雙手晃來蕩去。

他當時已經身任高職，舉止仍是老樣子，仍然不穿好衣服就去開門，不穿西裝就去歌劇院，總是講不得體的笑話，往往在公眾場合忽然憂鬱起來，不言不語。無論在什麼地方——在法院、講壇、國會、農莊，甚至於他自己家裡——他處處都顯得不得其所。

他不但出身貧賤，而且身世蒙羞，母親是私生女，他一生都對這些缺點非常敏感。

沒人出身比他更低，但也沒有人比他升得更高。

他後來出任美國總統，這個人就是林肯。

一個人有這麼多自卑的「資本」，難道也能得到那樣的成就嗎？

林肯的一生不是沉浸在自卑中，他不求名利地位，不求愛情與婚姻美滿，他集中全力以求達到更高的目標，他渴望把他獨特思想與崇高人格裡的一切優點奉獻出來，造福人類。

許多老實人，內心深處其實籠罩著自卑的情結。心理學認為，自卑是由於一種過多的自我否定而產生的自慚形穢的情緒體驗。其主要表現為對自己的能力、學識、品質等評價過低；心理承受能力脆弱，經不起較強的刺激；謹小慎微，多愁善感，常產牛猜疑心理；行為畏縮、瞻前顧後等。自卑心理可能產生在任何年齡段和各種各樣的人身上，比如說，德才平平，生命仍未閃現出「輝煌」與「亮麗」，往往容易產生「看破紅塵」的感嘆和「流水落花春去也」的無奈，以至把悲觀失望當成了人生的主調；經過奮力打拚，工作有了成績，事業上創造了「輝煌」，但總擔心「風光」不再，容易產生前途渺茫、「四大皆空」的哀嘆；隨著年齡的增長，青春一去不回頭，往往容易哀怨歲月的無情，生髮出紅日偏西的無奈……這種自卑心理是壓抑自我的沉重精神枷鎖，是一種消極、不良的心境。它消磨人的意志，軟化人的信念，淡化人的追求，使人銳氣鈍化，畏縮不前，從自我懷疑、自我否定開始，以自我埋沒、自我消沉告終，使人陷入悲觀哀怨的深淵不能自拔，真是害莫大焉！

自卑是一種消極的自我評價或自我意識，自卑感是個體對自己能力和品質評價偏低的一種消極情感。其根源就是人們不喜歡用現實的標準或尺度來衡量自己，而相信或假定自己應該達到某種標準或尺度。如「我應該如此這般」、「我應該像某人一樣」等。這些追求大多脫離實際，只會滋生更多的煩惱和自卑。自古以來，多少人為自卑而深深苦惱，多少人為尋找克服自卑的方法而苦苦尋覓。

強者不是天生的，強者也並非沒有軟弱的時候，強者之所以成為強者，在於他善於戰勝自己的軟弱。一代球王比利初到巴西最有名氣的桑托斯足球隊時，他害怕那些大球星瞧不起自己，竟緊張得一夜未眠。他本是球場上的佼佼者，但卻無端地懷疑自己，恐懼他人。後來他設法在球場上忘掉自我，專注踢球，保持一種泰然自若的心態，從此便以銳不可擋之勢踢進了一千多個球。球王比利戰勝自卑的過程告訴我們：不要懷疑自己，貶低自己，只需勇往直前，付諸行動，就一定能走向成功。

把憂慮拋至腦後

柴米油鹽樣樣貴，社會失業天天有。人的一生，總會有一大堆或大或小的煩心事。樂觀的

人今天失業會想著也許能找一個更好的工作，因而走出煩惱的苦海。悲觀的人卻會因為今天在崗、明天可能失業而憂慮不止。

心理憂慮，是很多人無法擺脫的一種苦痛。其原因有二：一則是競爭壓力太大，二則是沒有良好的心理處方。聰明的人處理憂慮的辦法很簡單：「我還沒有到最壞的境地，因此我應當快樂起來！」

在美國的科羅拉多州長山的山坡上，躺著一棵倒下來的大樹。自然學家告訴我們，它有四百多年的歷史。發芽的時候，哥倫布剛在美洲登陸。在它漫長的生命裡，曾經被閃電擊中過十四次，四百多年來，無數的狂風暴雨侵襲過它，它都能戰勝它們。但是在最後，一小群甲蟲攻擊這棵樹，使它倒在地上。那些甲蟲從根部往裡面咬，雖然它們很小，但卻是持續不斷地攻擊，漸漸傷了樹的元氣。這樣一個森林裡的巨人，歲月不曾使它枯萎，閃電不曾將它擊倒，狂風暴雨沒有傷害它，而一小隊可以用大拇指跟食指捏死的小甲蟲卻使它倒了下來。

人不就像森林中的那棵身經百戰的大樹嗎？也曾經歷過生命中無數狂風暴雨和閃電的打擊，但都撐過來了，可是我們的心卻會被憂慮的小甲蟲——那些煩心小事所吞噬。

事實上，要想克服一些瑣事引起的煩惱，只要把看法和重心轉移一下就可以了——讓你有一個新的、開心的看法。

一位在二戰中九死一生的美國水兵曾回憶說：

「一九四五年三月，我在中南半島附近兩百七十六英尺深的海下，學到了一生中最重要的一課。當時，我正在一艘潛水艇上。我們從雷達上發現一支日軍艦隊——一艘驅逐護航艦、一艘油輪和一艘布雷艦正朝我們這邊開來，我們發射了三枚魚雷，都沒有擊中。突然，那艘布雷艦直朝我們開來（一架日本飛機把我們的位置用無線電通知了它）。我們潛到一百五十英尺深的地方，以防被它偵察到，同時做好應付深水炸彈的準備，還關閉了整個冷卻系統和所有的發電機器。

「三分鐘後，日本的布雷艦開始發射深水炸彈，天崩地裂，六枚深水炸彈在四周炸開，把我們直壓到海底——兩百七十六英尺的地方。深水炸彈不停地投下，整整十五個小時，有二十幾枚炸彈在離我們五十英尺處爆炸，如果深水炸彈距離潛水艇不到十七英尺的話，潛艇就會被炸出一個洞來。當時，我們奉命靜躺在自己的床上，保持鎮定。我嚇得無法呼吸，不停地對自己說：『這下死定了。』潛水艇的溫度幾乎有攝氏四十多度，可我卻全身發冷，一陣陣冒冷汗。十五個小時後，攻擊停止了。顯然那艘布雷艦用光了所有的炸彈後開走了。這十五個小時，我感覺好像經歷一千五百萬年。我過去的生活一一在眼前浮現，我記起了做過的所有的壞事和曾經擔心過的一些很無聊的小事，我曾擔憂過沒有錢買自己的房，沒有錢買車，沒有錢幫妻子買禮物。下班回家，常常和妻子為一點芝麻大的小事而吵嘴。我還為我額頭上一個小疤——某一次車禍留下的傷痕發愁。多年之前，那些令人發愁的事，在深水炸彈威脅到生命時，顯得那麼荒謬、渺小。我對自己發誓，如果我還有機會再看到太陽和星星的話，我永遠不會再憂愁了。在這十五個小時裡，我從中學到的，比我在大學念四年書學到的還要多得多。」

人在生命遭受嚴重威脅時開悟了。這種開悟的機緣並非誰都能擁有，也沒有人樂意擁有。但透過他的故事，我們也應該有所感悟，不要再被一些小事搞得疲憊不堪而陷入煩惱之中。要使自己擁有一個成功的人生，人必須將憂慮拋至腦後。

直面恐懼

北美印第安人喜歡這樣一句話：「不正面面對恐懼，就得一生一世躲著它。」老實人如果不能自己消除恐懼，那麼它的陰影會跟著你，變成一種無法逃避的遺憾。你不應該讓自己到了七老八十，才用蒼涼的聲音說：「我本來想當一名作家的……」或是「我小學的時候曾經得到演講比賽第一名，只是現在……我……我……我一在大家面前講話就發抖。」

我們總不會因為擔心人家嫌自己相貌醜陋而永不出門。不要因為恐懼機率極低的災難而不敢出國旅行，始終掩藏著自己渴望看到新奇事物的心情。不要因為恐懼心碎而害怕愛情……

有一次，小德在澳洲的一個飯店裡看著朋友們在陽光下嬉戲，忽然有一種不舒服的感覺湧上心頭。卡蘭德只好告訴他們，自己不會游泳，所以不敢下水。朋友們笑著慫恿他：「不要因為怕水，你就永遠不去游泳……」

陽光下他們嬉戲著，而小德其實並不想躲在沒有陽光的陰影裡，但他只能看著別人快樂。他覺得自己是個懦夫。

一個月後，朋友邀小德到一個溫泉度假中心，他鼓足勇氣下了水。

小德發現自己並不像想像得那麼無能，但他不敢遊到水深的地方。

「試試看。」朋友和藹地對他說：「讓水沒過頭頂，你看會不會沉下去！」

「你說什麼？」小德還以為他這個朋友故意開玩笑。

小德試了一下。朋友說得沒錯，在我們意識清醒的狀態下，想要沉下去、摸到池底還真的不可能。真是奇妙的體驗！

「看，你根本沉不下去，為什麼要害怕呢？」

小德上了一課，若有所悟。從那天起，他不再怕水，雖然目前還算不上游泳健將，但游個四五十公尺是不成問題的。

人生中有不少潛藏的恐懼，有的是因自己的怯懦而產生，有的是外力在我們成長的過程中所加的陰影，如果我們正視它，正面迎接它，就會發現，它其實並不可怕。

合理安排你的時間和工作

老實人在工作上總是兢兢業業，任勞任怨。不過，工作中有許多事情並不是人們想像中的那麼重要。如果某件事做不做無傷大礙，就可以將它放棄。並不是所有的事都值得你花時間和精力去處理，放棄它實際上是為其他重要的事情蓄積力量。不會放棄的人，不僅會身體疲勞，而且會心理疲勞，從而導致工作效率的下降，影響工作品質。

即使你是一個日理萬機、責任重大的人物，也沒必要事事關心，事事周全，否則恐怕就是忙成了「陀螺」也無濟於事。就算你已經做得無可挑剔，那時你肯定也已經衰弱不堪了。也許這樣的聲音隨時左右著你：「放假？別人可都在工作！」「那份文件非我親自過目不可！」「你不應該鬆懈，你完全應該比現在更有成就。」這些聲音頻頻和你內心裡真正的意願相違背。你被動地想滿足那種種期望，然而卻因矛盾的壓力依然無法更有效地工作。

要使自己的作用發揮到最大，應該學會合理分配時間和最有效地管理工作。完成自己的角色定位，努力爭取扮演好自己的角色。

對於在職場中努力的老實人而言，合理而科學地安排時間是一門必修課。所有的工作都應預先做好計畫，並在規定的時間內完成，不要耽誤下一件事的時間。將手頭的事情按輕重緩急排序，重要的事情先做，要做到安排時間先緊後慢。隨時準備一個安排工作日程的小本子，將重要的事情、臨時想到的念頭記錄下來。在工作時間內將工作有條不紊地處理完，並對第二天的工作做好準備。當工作結束後，要充分利用自己的閒暇時間，切忌將工作帶回家做。像這樣安排時間，就會體會到順序與節奏之美，而不是感到整天手忙腳亂。

魯平是一位卓越的企業家，他卻因工作繁忙而經常焦躁不安。他向醫生憤怒地抗議說：「我每天承擔巨大的工作量，沒有一個人可以分擔一丁點的工作量。醫生，您知道嗎？我每天都得提一個沉重的手提包回家，裡面裝的是滿滿的文件呀！」

「為什麼晚上還要批改那麼多文件呢？」醫生驚訝地問道。

「那些都是必須要處理的急件。」魯平不耐煩地回答。

「難道沒有人可以幫你忙嗎？助手呢？」醫生問。

「不行呀！只有我才能正確批示呀！而且我還必須盡快處理完，要不然公司怎麼辦呢？」

「這樣吧！現在我開一個處方給你，你能否照做呢？」醫生說道。

魯平聽完醫生的話，讀了讀處方的規定：每天散步一小時，每星期抽出半天的時間到墓地走一趟。

他怪異地問道：「為什麼要在墓地待上半天呢？」

「因為……」醫生不慌不忙地回答：「我是希望你四處走一走，瞧一瞧那些與世長辭的人的墓碑。你仔細思考一下，他們生前也與你一樣，認為全世界的事都扛在自己肩上，如今他們全都長眠於地底，也許將來有一天你也會加入他們的行列，然而整個地球的活動還是永恆不斷地進行著，其他人仍是如你一樣繼續工作。我建議你站在墓碑前好好地想一想這些擺在眼前的事實。」

醫生這番苦口婆心的勸告終於敲醒了魯平的心靈，他依照醫生的指示，放緩生活的步調，並且轉移一部分職責。他知道生命的真義不在於急躁或焦慮，他的心已變得平和，也可以說他比以前活得更好，當然事業上也是蒸蒸日上。

這世界沒有了誰都不會停止運轉的。人當然應該有足夠的自尊和自信，但切勿將自己看得過分重要。魯平就陷入了這種迷茫，他以為沒有人可以分擔他的工作，沒有人可以幫他的忙，只有他自己才能正確批示。所以他把一切都放到自己手裡，既不信任別人，又令自己疲憊。

或許魯平這樣的人虛榮心太強了。他希望自己在別人的眼裡是責任心強、事業心重、有能力的工作狂，使得別人稱讚他優秀、出色甚至完美。事實上，他恰恰忘記了一個人走向完美的基礎——健康、樂趣、生活……

我們應該學會合理安排我們的時間和工作，在該工作的時候勤奮工作，在該娛樂的時候盡情娛樂；安排好每一件事的次序並制定完成每件事所需要的時間，然後依次去完成。

別做「不幸」的製造商

卡內基曾說：「一般情況下，五個人當中就有四個人沒能夠擁有他本來應有的幸福。」並且他還說：「不幸感往往是心理最普通的狀態。我們不願強調擁有幸福的人是多麼的稀少，但在事實上，正在過著不幸生活的人，其數字卻遠遠超出人們的想像。」

對於任何人而言，幸福應該是最基本的欲望之一。然而，幸福必須是贏來的。贏得它也並不十分困難，凡是想要得到它的人、具有堅強意志的人、知道正確方法而切實履行的人，都能成為幸福的人。

有一次，在火車的餐桌上，有位太太身上穿著名貴的毛皮大衣，上頭綴著璀璨奪目的鑽石，然而不知是什麼原因，她的外表看起來卻總是一副不悅的樣子，她幾乎對於任何事都表示抱怨，一會兒說：「這列車上的服務實在差勁，窗沒關緊，大風不斷地吹進來」，一會兒又大發牢騷：「服務水準太低，菜又做得難吃……」

不過，她的丈夫卻與她截然不同，看上去是一位和藹親切、溫文爾雅且寬宏大量的人，他對於太太的舉止言行似乎有一種難以應付而又無可奈何的感受，也似乎相當後悔帶她旅行。

他禮貌地向沉默的同車的人打了個招呼，同時做了一番自我介紹。他表示自己是一名法律專家，又說：「我夫人是一名製造商。」此時，他臉上有一種奇怪的微笑。

聽完他所說的話，那位同車的人感到相當疑惑，因為他的太太看起來一點也不像個企業家或經營者之類的人物。於是，對方不禁疑惑地問：「不知尊夫人是從事哪方面的製造業呢？」

「就是『不幸』啊，」他接著說明：「她是在製造自己的不幸！」這位先生脫口而出的話，一語中的，很貼切地道出了實際情況。

事實上，在我們的四周充滿了這些正在為自己製造不幸的人。嚴格說來，這種情況實在值得人關注，因為，那些足以破壞我們幸福的外在條件或因素已經太多，如果我們還在自己的心中製造不幸的話，那麼，真可以說是不幸之極。

人們之所以會自己製造不幸，其主要原因是由於自己心中存有的不幸想法所致。例如，總是認為一切事情都糟糕透了，別人擁有非分之財，而我們卻沒有得到應得的報酬等等。

此外，不幸的想法往往會把一切怨恨、頹喪或憎惡的情緒深深地埋藏在心底，於是不幸的程度將日益加深。那位夫人擁有別人期盼的鑽石，但是，她擁有的財富並沒有將她排除在自己製造的不幸之外，因為人們自己製造不幸時是因為自己內心的騷動，而與外界無關。

世界上沒有一個人會因煩惱而獲得好處，也沒有人會因煩惱而改善自己的境遇，但煩惱卻有損於人的健康和精力，會毀滅生活和幸福。

一個把大量的精力和時間都耗費在無謂的煩悶上的人，不可能全部發揮他固有的能力，只能落得一個庸庸碌碌的境地。煩惱這個東西會分散一個人的精力，阻礙一個人的志向，減弱一個人真正的力量，並損害他的健康。

煩惱對一個人的工作品質會有十分明顯的影響。在思想紊亂的時候，一個人在自己的工作上決無出色的表現。因為思想紊亂會使人失去清晰思考和合理規劃的能力，腦細胞中一旦貫注了煩悶的毒汁，注意力就再也不能夠集中。

煩惱不僅會使人的心靈衰老，還會使人的面容衰老。

一個人若是整天處在煩惱之中，生命便消磨得很快，有些未到中年已經顯出衰老跡象的人就是這種原因所致。有些三十歲的女子，面容上卻布滿了皺紋，但這既不是由於她們做了苦工，也不是她們境遇困難，而是因為她們在日常生活中自己製造的煩惱。這煩惱給予她們家庭的是不和諧和不快樂，給予她們自己的則是衰老。

驅除煩惱最好的方法，就是常常保持一種愉快的心態，而不要處處只想到生活與工作的不幸。在煩惱的時候，我們只要用希望來替代失望，用勇敢來代替沮喪，用樂觀來代替悲觀，用寧靜來代替燥動，用愉快來代替愁悶就夠了，那樣的話，煩惱在我們的心靈中就無處生存。

請記住，別天天愁眉苦臉，成為一個「不幸」的製造商。

對自己說「沒關係」

在這個世界上，每個人都以自己這個獨立的個體存在，你只能以自己的方式歌唱，以自己的方式繪畫。你是由你的經驗，你的環境，你的遺傳基因，尤其是你對自己的期望所造就的。不論好與壞，你只能耕耘自己的小天地，只能在生命的樂章中奏出自己的音符。

我們只有了解了自己，知道了自己的長處後，才會揚長避短，而不會用自己的短處去和人家的長處相撞擊，也不會為本來就不可能成功的事情發愁、怨恨自己。成功和失敗都可能屬於你。而擺脫掉失敗，關鍵是擺脫失敗帶來的沮喪、消極的情緒。有位智者曾經說過：「在生活中，最能化戾氣為祥和的三個字是『沒關係』。」

生活並不像童話中描繪的那樣美滿、如意，而老實人總是願意以自己的主觀意願去看待生活。但當你發現生活並不是按照你所希望的樣子出現在你面前的時候，請你從煩惱中跳出來，像智者一樣，說一句「沒關係」。

在擁擠的公車上，有人踩了你一腳。車內很擠，車速也開得很慢，對於急著上班的人來說本來就有說不出的怒火，再加上腳上的疼，能不生氣嗎？可是爭吵又有什麼用？它只能把你煩躁的情緒傳染給別人，對於公車的行進、擁擠的緩和沒有一點幫助。相反的，在這種你無法改變的現狀中，你應該掌握好自己的情緒，並試著去設想大家的情緒都處在煩躁不安中。說不定

不小心踩你腳的人，也是一肚子的火，滿滿的怒氣，正無處發洩呢！這時候，最好的辦法就是平心靜氣地說一句「沒關係」。

當然，在有些場合，說出這三個字並不是一件輕而易舉的事情。

當你對心愛的人獻出了你的全部之後，她（他）卻無情地離開了你，這對你來說，無論如何也不能用「沒關係」輕鬆地癒合你那流淚滴血的心。往日那情意綿綿、兩情依依的情景，無法一下子從你的腦際消失，相反，在這種時候，那些平時的芥蒂反而不見了，留下的都是讓人無法忘卻的情和意。你深深地陷在失去了愛人卻又無法忘記對她的愛這苦惱的深淵裡。懷戀的盡頭成了怨恨，怨恨又產生了報復，而報復難免兩敗俱傷。假如你能豁達地對待這些，對自己說一句「沒關係」，從苦惱中解脫出來，那麼「失之東隅，收之桑榆」也不是不可能的。

生活中發生的一切，都是生活的一部分，失去的還會再來，本屬於你的東西，絕不會與你交臂而過。學會說「沒關係」，我們會覺得生活中增加的不是苦惱，而是歡樂。

休閒的生活讓你更輕鬆

人的精力是有限的，如果一味地工作，不懂得自我調節，無疑就會招致疾患。這樣，無形中心理及工作壓力就加重了。

老實人很多時候不是工作不努力，而是工作太努力。早就有職場專家提出了見解，指稱人若五天工作、兩天休閒，其效果會比七天全工作更好。充分利用寶貴的休息日，避開壓力，忘卻煩惱，到戶外走走，這會令你的心情大不一樣。

出去散心是一個緩解壓力的好方法。其作用主要是讓人擺脫當前各種煩惱的侵擾，轉移注意力，使其他豐富的資訊進入頭腦中，使煩惱在不知不覺中被忘卻。

散心不是逃避問題，而是力圖減輕內心的重壓，不做壓力的奴僕。如果真的找到了一個放鬆的場所，宣洩一下情緒，痛痛快快地玩一場，那麼你將重新獲得對付壓力的勇氣。

老實人不妨抽出一些時間，讓自己輕鬆一下。別總關注於眼前，培養放眼未來的豁達胸懷。過得自在，遇事拿得起、放得下，生活才能多姿多彩、溫馨安逸。有了這樣的生活，工作上又有什麼解決不了的問題呢？

放慢工作節奏，學會享受生活，才有動力繼續向前。所謂「休息是為了走更長遠的路」，請不要對自己太過吝嗇，該休息的時候就請好好休息，保養自己的身體吧！

在運動中減壓

人生苦短。事業固然重要，但工作總是難免單調和疲憊的。你是否覺得自己未老先衰，一副老氣橫秋的樣子？那麼來試試運動吧！

盡量在清晨運動。由於白天在辦公室多半坐著不動，清晨的運動能給你激情與活力，有助於緩解身心。不過，清晨的運動要在自己的健康與體能允許的範圍內，做些安全舒適的運動。

盡量使運動的方式多變。如果長期做同樣的運動會使你感到乏味，它的恢復效果就會大大降低，你也可能喪失運動的意願。從事的運動種類愈多，愈能促進體能的恢復。

設法使運動成為樂事。以愉快的心情運動最有助於體能和精神的恢復。

一聽運動可以促進工作，作為「工作狂」的你肯定會樂不可支。的確，適當的運動會帶給你舒暢的心情，從而提高你的工作效率。

運動能夠使人感覺變好。由於運動以後，不再專注於自身的不良感覺，因此，運動能夠適當減弱憂鬱的。

運動能減輕疲乏感。因為長時間不運動，坐著工作，肌肉極易疲勞。同時由於血液流動緩慢，很難恢復體力。而一旦活動起來，血流暢通，疲乏的感覺會隨之減輕。

運動有助於找回自信。透過運動，可以發現自己的能力沒有喪失，甚至發現自己其他的潛能，有助於恢復自信。

運動可以改善思考能力。透過運動，才會考慮做什麼、怎麼做，從而恢復對生活的控制能力。

運動還有益於克服孤獨感，可以為人帶來輕鬆、自由的感覺，可以鬆弛肌肉，可以使因用眼過度而下降的視力得到恢復，可以加快血液循環，讓人充滿活力。鍛鍊必須有一定的強度、持續時間和頻率，才能達到預期的效果。如做健身操、跑步、跳繩、打桌球、打羽毛球等，每週至少運動三次，每次運動的持續時間可根據運動項目及個人身體狀況而定。

舉個例子，小堅擁有很高的職位，收入不菲，似乎生活得很如意。但他也有他的苦惱。「我不可能一天二十四小時都保持工作的巔峰，而且天天如此。這在體能、心智和情緒上都是強人所難。」因為他和其他同事的抱怨，公司推行了一個「活力無限」方案，組織公司的籃球聯盟和足球隊，並在附近的健身房幫員工辦優惠卡，舉辦戶外健身，讓員工的差旅費都包含使用旅館健身房的費用。公司還鼓勵員工按個人喜好布置自己的辦公室和小隔間，借此緩解壓力。公司在這些方面表現得很有人情味。辦公室本來就是另一個家，本來就該讓人從容自在。有了以上各種放鬆、休養的機會，小堅和其他同事的工作效率大大提高，壓力也大幅度減輕。

在所有緩解壓力的方法中，運動總是被列為最有效的放鬆方法之一。很慶幸小堅的公司設身處地的為員工著想，使員工在工作之餘充分享受到了運動帶來的快樂。但並不是每個人都幸運地在一家對員工呵護有加的公司任職，因此，緩解壓力的途徑還應該寄託在自己身上。

運動不是單一的，是多種多樣的，自己最適合什麼運動，就盡量去做什麼運動。

享受你所做的事情

世界上能夠把工作也當成享樂的人，實在很少。

某心理學家曾說：「如果你無法享受自己所做的事情，你不但欺騙了自己，也無法從中獲得一點樂趣，只會使自己變得不可愛。」

有一次，有個女人對這位心理學家說，她是一個好媽媽。心理學家沒有回她的話，不過，他了解她的生活方式。她是一個對任何新事物、新地方、新遊戲都不感興趣的人，她雖然把孩子照顧得無微小至，卻覺得這個世界冷酷無情。她的孩子非常愛她，卻又有點想躲開她。

夏天在游泳池畔，我們常常看到這樣的母親，她們從不下水，無奈地在一旁看報紙，或和坐在旁邊的太太抱怨自己的辛苦，還不時對水中的孩子大呼小叫：「危險！不要這樣！回來！」犧牲精神令人感佩，但連旁人都覺得非常不解。

也許她們真的是在盡義務，但卻從未想到應該享受一下自己目前正在做的事情。對於生活

來說，永遠只有現在，我們擁有的每一刻都是當下的這一刻，要充分享受現在。有時必須做的事情確實是我們無法從心裡喜歡的，就好像是喜愛看文藝片的人，卻被迫待在電影院裡看恐怖片一樣，一直當一個不快樂的旁觀者。

學會享受生活，更重要的是學會享受「你正在做的事」，所謂苦中作樂不就是如此嗎？既然負面情緒來襲時也要過生活，開心快樂時也是過生活，何不嘗試認自己在開心的心情下度過每一刻呢？

好好學著去享受吧！

第六章　走向成功並不難

有一天有三位員工，被主管召集到會議室裡。主管表示現在公司正在為一個龐大的企劃案焦頭爛額，而眼前這三位員工都是未來即將晉升職位的部門組長，於是想向他們詢問一些意見。當主管分別向他們解釋完現在的情況時，三位員工紛紛都發表出自己的意見。主管聽了，每個都滿意地點點頭，露出欣慰的表情說道：

「你們三個人都有想法，的確能夠幫助這次的企劃案順利執行。」

而這三位員工獲得主管青睞的原因是什麼呢？原因就是「老實」。

能坐「冷板凳」

老實人一般能坐「冷板凳」，但能坐並不代表擅長坐。際遇再佳的人也不可能一輩子都沒有遭遇「冷落」，與其在「冷板凳」上自怨自艾，不如調整自己的心態，保持熱情的初衷。

在足球比賽中，除了上場參賽的十一個隊員外，有幾個隊員是不能上場的，俗稱「板凳」隊員。在一場比賽中這些板凳隊員有的只能上場幾分鐘，有些隊員甚至連上場的機會都沒有。所謂「冷板凳」便由此而得名吧！只要還在坐「冷板凳」，就算是隊中的一員，就總有上場的機會。如果你連「冷板凳」都坐不住，便永遠失去了上場的機會，那不是很可惜嗎？

小何是一間貿易公司的職員，在剛進入公司時很受主管賞識，但不知怎的，在沒犯錯誤的情況下，他被公司「冷凍」了起來，整整一年，主管不召見他，也不交給他重要的工作。他忍氣吞聲地過了一年，老闆終於又召見他了，還為他升了職，加了薪！同事們都說他把「冷板凳」坐熱了。

大凡坐「冷板凳」，不外乎以下幾種情況：

一，是本身能力欠佳，只能做一些無關緊要的事，還沒有到必須開除的地步。在工作中犯了錯誤，使你的主管對你的工作能力失去信心，只好暫時把你「冷凍起來」。

二，是主管有意考驗你。人要做大事必須有面對挑戰的勇氣，面對困難的耐心，同時還要有身處孤寂的韌性。有時要培養一個人，除了讓他做事之外，也要讓他無事可做，一方面觀察，一方面訓練。這種考驗事先是不會讓你知道的，知道就不會是考驗啦！

三，是人事鬥爭的影響。只要有人的地方就有鬥爭，企業也不例外。主管也會受到員工鬥爭的影響，如果你不善於鬥爭，那麼就很有可能莫名其妙地失勢，坐起了「冷板凳」。

四，是大環境有了變化。人說「時勢造英雄」，很多人的崛起是由環境造成的，因為他的個人條件適合當時的環境。可當時移境遷，英雄便無用武之地了，這時候你只好坐「冷板凳」了。

五，是主管者的個人好惡。這沒有什麼道理好說，主管可能突然之間不喜歡你了，於是你只好坐「冷板凳」了。

六，是你冒犯了主管。寬宏大量的人對你的冒犯無所謂，但人是感情動物，你在言語或行為上的冒犯如果惹惱了他，你便有坐「冷板凳」的可能。

七，是威脅到主管。你能力如果太強，又不懂得收斂，讓你的主管失去安全感，那麼你便會受到「冷凍」。

遭到冷落的原因還很多，無法一一列舉。人一旦遭到冷遇，難免都會自怨自艾，疑神疑鬼，而不去冷靜思考、尋找原因。仔細想想，坐「冷板凳」也未必是什麼壞事情，大可借此機會調整自己的心態，蓄勢待發，把「冷板凳」坐熱，待時機到來時，再大顯身手。

面對冷遇，我們可以採取幾種方法，化消極因素為積極因素。

一，是強化自己的能力。在不受重用的時候，正是你廣泛收集、吸收各種情報的最好時機。能力強化了，當時運一來，便可跳得更高，表現得更耀眼！

二，是以謙卑來建立良好的人際關係。人都有「冷眼旁觀」甚至「出言嘲諷」的劣根性，你坐「冷板凳」，別人巴不得你永遠不要站起來。所以要謙卑，廣結善緣，更不要提當年勇。提當年勇，不但於事無補，還會使你墜入懷才不遇的情境中，徒增自己的苦悶。

三，是要採取寬恕的態度。言談舉止中，且輕且淡，既可見自己的風度，也可留有餘地，這種方式，比起破口大罵，揚長而去更能讓人接受。

不要只為了生存，要有抱負

我常去一家髮廊整理頭髮，儘管我要走一段較遠的路程。而我之所以那麼勤快，是因為那家髮廊有一個手藝非常好的店長，只有他才能處理我亂七八糟的頭髮。

去過幾次後，和店長熟了，有一次客人較少，我便和他聊了起來。

店長說他高中畢業就離開家鄉到某髮廊當助理，對美髮這個工作他並沒有特別的喜歡，但也不知除了美髮，還有什麼事情可做，於是就迷迷糊糊地一直做了幾年。眼看也二十幾歲，有了「前途」的壓力，於是他為自己立下了一個目標——成為美髮界的佼佼者！他的學習態度一下子因此有了很大的轉變，除了學習勤快之外，他也不斷收集、參考相關的書籍，甚至路上行人的髮型他都會仔細研究，簡直到了走火入魔的地步。

不到一年，他由助理升為造型師，並且很快就闖出名氣，幾乎每個客人都指名要求他。後來，這位店長向親朋好友借錢，創立了這家髮廊。

他的故事平淡無奇，但我聽得卻感動極了，他可真是異鄉人創業的典範！

這位理髮師立下的目標就是人們常說的「抱負」，說得更明白些，就是他想到了這樣一個問題：在這個行業中，我要成為什麼樣的人？

不少老實人工作都是為了生存，當然是有一切為了理想的人，但這種人不多。沒有資金的前提，理想就只是「空中樓閣」，因此「工作是為了生存」這件事並不可恥。但如果工作只是為了生存這樣一個單純的目的，那麼生活一點也不難——甚至再普通的人都可以達到。

老實人如果希望這輩子能有所成就，那麼就不應以生存為滿足，應該有個抱負，把這個抱負變成追求的目標，毫不懈怠地向它前進。不敢說沒有抱負的人這一輩子就不怎麼樣，而有抱負的人就一定能成就非凡。但我敢肯定一點，有抱負並且努力去追求的人，他的成功機率會比渾渾噩噩過日子的人來得高，而且機會也比不知向前的人多。因為有抱負並努力去追求的人會不斷去吸收新知，充實自己，追求成長，所以他們會比別人早一步拔取勝利的旗幟。

上面所說的不是大話，而是活生生的現實，如果你不相信，你可以和身邊有成就的人聊聊，看他們是怎麼走過來的，可能他們的抱負會隨著環境的變動而有所不同，但他們永遠會不停地為自己定下一個追求的目標！

人生數十寒暑，二十至三十歲這段時間是用來適應社會的，三十至四十歲則是衝刺的大好時光，到了四十歲以後，就是驗收成果的時候了，因此你怎可蹉跎時間呢？

努力挖掘自身的潛能

我們每個人的身體內部都蘊含著相當大的潛能。愛迪生曾經說過：「如果我們做出所有我們能做的事情，我們毫無疑問地會使自己大吃一驚。」

舉個例子，有個農夫擁有一塊土地，生活不錯，但是他渴望得到一塊鑽石。於是他賣掉土地，離家出走，到遙遠的地方四處尋找鑽石，然而他一無所獲非常失望。最後，他一貧如洗。

最後，這塊土地轉讓給了另外一個農夫。真是無巧不成書，那個買下這塊土地的農夫在散步時，無意中撿到一塊晶光閃閃的鑽石。於是，在這塊土地上，新主人發現了最大的鑽石寶藏。

財富只屬於自己去挖掘的人；只屬於依靠自己的「土地」的人；只屬於相信自己能力的人。

同樣，成功也只屬於相信自己潛能的人，屬於正確開發自身潛能的人。

這個故事很簡單，但有很深奧的生活哲理。在我們每個人身上都擁有鑽石寶藏，即潛力和能力。這些潛力和能力足以使自己的理想變成現實。而我們所要做的只是辛勤地開發自己的「鑽石」寶藏，不斷地挖掘和運用自己的潛能。

許多實驗證明：人的大腦具有極強的潛在能力，我們在生活中看到的許多所謂的「特異功能」，並沒有什麼奧祕，只不過是人的潛在能力的有效開發而已。研究證明人類遠遠未能充分運用大腦的功能，腦細胞雖然多達上百萬個，普通人卻只用到了其中百分之二到百分之五而已，絕大多數腦細胞都處於「待業」狀態，即使那些偉大的科學家，利用的腦細胞也沒有超過百分之三十。可見，每個人都有巨大的潛力有待挖掘。

追求成功，最重要的一點就是看好自己身上的潛能，從開發自身的潛能延展開來，走出一條真正屬於自己的成功之路，

如果可以依賴，如果可以不動腦筋，那麼就沒有人會刻意地發揮出自己的潛能來。但是很可惜，並不是每個人都有機會釋放出自己的潛能。所以我們更應該在日常生活中學著逼迫自己，對自己要求得更高一些，去做那些你認為自己做不來的事，也許你會發現，很多能力都是要靠自己深挖掘才能表現出來的。優秀的人就是懂得如何充分挖掘自己潛能的人。

大部分人都小覷自己的能力，自己限制自己本身的發展，有小小的成就馬上以為自己已經

達到巔峰狀態，於是不肯再冒險，堅決不再向前進，結果白浪費了自己的潛能，錯過無數向前推進的機會。

許多時候，父母、老師及其他長者，為了我們將來有安定的生活，而替我們選擇一條安穩有保障的路。可是當他們這樣做的時候，往往忽略了我們的潛能，造成了很大的「浪費」。

因此當我們生活得不如意，覺得未能發揮潛能時，不妨問問自己「父母為我們所創造的自我形象是否有問題？」如果你覺得有問題的話，那就表示你的生活方式未能將你的潛能帶出來，你需要改變。

嘗試問問自己，我有什麼特別的地方？我有什麼優點是其他人沒有的？我做什麼事情時覺得最自在？我做什麼事情做得特別優秀？我有什麼興趣？我有什麼才能？沒事的時候我會去做什麼事情？這樣就可以找到你的興趣所在，只有在這些有興趣的領域你才可能發揮自己的潛能。

還有一種情況，當別人說「你最在行的是做……」、「這件事找到你辦就確保無誤」、「我早知道你對此事的反應會如此了」、「你別的可能不行，這個一定可以」等話時，將這些說話詳細地用筆記錄下來。如此做了數星期之後，有系統地分析你的筆記，你會發覺你的行為有一定的模式，原來你一直在人前顯露自己某方面的興趣及才華。這些興趣及才華很可能是你自己以前從未意識到的，不過如果你相信「旁觀者清，當局者迷」這句話，你就不會對這些發現掉以輕心，因為它們會帶領你發掘到自己真正的潛能所在。

人的潛能是一座永遠也開發不盡的寶藏。你若不去開採，它永遠都是潛能，而你一旦開採，它就會釋放出能量。

套用別人的成功模式

每個人成功的方法都不一樣，譬如說，有的人成功是因為背後有個「宏偉」的家世，有的人是因為和有錢人組建家庭，有的人是因為受主管提拔，也有人是從基層一步一步透過自己的努力爬上來……

面對未來，遙想「成功」二字，你是不是也有無從邁步的迷惑？如果有，不妨看看別人的成功，套用一下他們的成功模式！

也許你會問，套用別人的成功模式就能成功嗎？

答案是「不一定。」因為——個人是否成功還受到個人條件、努力的程度和機遇等因素的影響，並不是套用別人的成功模式就可以成功，但至少成功模式是一種指引，讓你有方向可循，這絕對比茫無頭緒，不知何去何從好過千百倍。

那麼，如何找到一套成功模式呢？

首先，你要找出一位你認為成功的目標人物。這個人可以是你的朋友，可以是你的親戚、長輩、同事，也可以是有名望的社會人士，更可以是書裡的傳記人物。你可以向他們請教他們的成功之道。一般來說，人人都喜歡談成功而忌諱談失敗，所以他們會不吝告訴你，有關於他們的成功經驗。

不過，成功模式再好，關鍵還在於執行，你若不能持之以恆，則這模式就不能發揮效用。說穿了，成功模式就是「努力」二字而已，肯努力，就會有實力，有實力就會帶來好機遇。

向不同行業的人學習

我有個同學，就讀大學時十分聰慧，許多艱深的知識他都知道，畢業十幾年後見到他，他更是比從前見多識廣了。

有一次聊天，他無意中說出喜歡向不同行業的人吸取新知識。真是一語驚醒糊塗人，難怪他一碰到我，就一直和我談我的工作，而我對他那一行卻如同霧裡看花，一知半解。

他告訴我，他在念書時就有這個習慣，除了看報紙、看雜誌，充實專業知識，他還會想辦法和別的科系的同學聊天，雖然有些科系他沒有進修，但多少都懂一些。此外，他也和來自不同地方、不同背景的同學聊天，所以當年他才到大三，就像在社會上做了好幾年事的人一樣內斂而充滿智慧。

開始上班後，他讓這個習慣成為自己工作的一部分。他和同一職場，不同專長，不同背景的人聊天，更和非本行業的外界人士交朋友。

他的做法是這樣的。在聚會的場合，交換名片後，他會在恰當的時機挑選一個具有新聞性的話題，向他「鎖定」的對象發問。大部分人都喜歡在公眾場合中受到注意，有人發問，當然恨不得把所有時間包下來，好好講個痛快。所以問的問題或許不很專業，但得到的回答卻很專業。而因為這一問，也交到了朋友——那麼多人只有你問我，當然就對你有特別的印象啦！於是他會準備第二次見面。

如果是非聚會的一般場合，他會適時和對方聊一下。幾乎每個人碰到他，都會很樂意說一些，因為他的發問，給了對方一種「被尊重」的感覺，當然話題就關不住了。

因此，我那位同學知識面的「廣博」就不意外了。

他現在是一家外商公司的主管，而他的升遷和他的「習慣」是不是有直接關係不得而知，但沒有直接關係至少也有間接關係，因為對不同行業了解得多，有助於對本行業的判斷和思考，至少朋友多，做事也方便。

對「向不同行業的人吸取新知」，我的同學也提出一些要訣。

一，要抱著「請教」的態度。誰都不敢自詡是專家，但有人向自己「請教」，可能就會輕飄飄起來。你用「請教」捧了他，他不「知無不言」才怪！但要記住，千萬不要和對方辯論，寧可多提幾個問題讓他解釋。辯論小會有結果，而且了解對方的行業才是你的目的，你辯贏了，還會失去可以成為朋友的人！若對方不願和你辯而冷淡以對，你不是更自討沒趣嗎？

二，妥善找尋問題的切入點。你總不能開口就說「請你介紹你的行業」，太幼稚的問題，對方有時會不耐煩，懶得回答。切入點如何找？方法是多看報章雜誌，廣泛了解社會的脈動，例如碰到律師，你就可問他廢除死刑等相關議題。如果一時找不到，從社會景氣問題開頭也可以。

三，態度要誠懇、認真，不要給人一種「只是隨便問問」的感覺。

四，不要急於求成。太急於了解對方的行業，會讓對方以為你別有所圖而採取閃躲的態度。先交朋友再了解，這樣就不會「打草驚蛇」。一次了解一點，彼此熟了，自然就可以作深入的交談了。

總之，不要認為和你不相關的行業就和你的工作不相關，各種行業都有依附關係的。所以，老老實實打開你的心靈大門，去接納各種不同背景、不同行業的人吧！

跳脫眾人的行列

如何去識別有才能、有潛力、能委以重任的人？對此，美國某位金融專家曾經指出：「假定這裡有一萬名士兵，均呈『一』字形站在他們的司令官的面前，司令官對待他們一視同仁，一起訓導和培育。然而，更能引起司令官注意的是某些能夠走出行列的人，也許這些人會成為他今後選拔、提升的對象。」他還說：「我十分注重發現一些能從銀行職員隊伍中向前邁出的人，只要他們能自動地將自己的能力和勇毅結合起來，我就會提升他們。」

不過，應當提醒注意的是，這是一種冒險的戰略。在使用這種戰略時應十分確信這種戰略的結果定能適合需要。深明這一點，你所冒的危險常會得到豐富的、意想不到的報酬。

許多人都曾經有過這樣的經歷和體驗：當你剛剛步出學校大門，當你剛成為應徵兵役的一員，或者當你剛剛成為一個新團隊的一員，你會感覺到與周圍的人並沒有什麼兩樣。他們自然不會比你高一頭，你也肯定不會比他們矮一截，可謂各懷鬼胎，旗鼓相當。當一段時間以後，如果你在一個偶然或者必然的場合，不論你採取何種方法和手段，突然間顯露出自己即使是不太成熟和完美的思維、能力和才情，你就會出之於眾，你就會贏得主管的注重。或許，這就叫做邁出了眾人的行列。但這僅僅是第一步，僅僅是開始。

曾經有一名年輕的鐵路郵務員，剛開始他與千百個同事一樣，用傳統的方法發送郵件、信函。由於是手工分發，出現不少錯誤。許多郵件、信函往往耽誤幾天到幾週，甚至發生誤投誤送。於是這位老實的職員有了新的想法，透過不斷摸索與實踐，他發明了一種將郵件、信函集合遞送的方法。他就是後來成為美國電話電報公司總經理的貝爾（Alexander Graham Bell）。這一小小發明，竟一下子改變了他作為一名普通職員的命運，成為他一生中最偉大的事。當他的設計圖表和計畫構思發表後，引起了當時鐵路郵政當局的極大注意。在採納、使用他的發明的同時，他也不斷地得到了提升。五年後他成為郵務局的主管，接下來就成為長官，幾年後又走馬上任成為美國電話電報公司的總經理，成為一名政府要員。

這是邁出眾人行列的關鍵一步，是建功立業的重要的起點。

造就你的個人風度

總統富蘭克林・羅斯福被譽為「拿破崙以後最成功的政治界的表演者」。他所用的就是這種方法。有一次羅斯福和記者在某處海灣，離他們不遠的地方已架好了一臺攝影機，以便隨時記錄羅斯福的舉止、儀態。事後，記者談到了當時羅斯福的「表演」：「起先他說了幾句話，說話時雙手插在褲袋裡。當攝影員開始啟動攝影機時，羅斯福立即將雙手從褲袋裡抽出來，並開始做許多手勢，忙得幾乎像職業拳擊手進行拳王爭霸戰一樣。這種情形，不僅顯得自然，更顯得鎮定優雅，還可以說是相當富於政治家的氣度與表演。

美國一名著名的攝影家也曾說過：「在拍攝羅斯福的姿態時，他常拒絕做那種刻意做作的姿勢，他極力主張在動作時拍攝鏡頭，不論此時他的面龐是否扭曲或者姿勢是否難看。羅斯福樹立起他的另一個個人風度是：常使他的姿態保持應有的氣度。」

不過，要注意的是，風度應順應於不同的場合自然流露，不能有虛偽或做作之處。

上面所涉及的是名人的個人風度。其實一般公司裡的員工、演藝人員等等，也可運用這種方法去博得主管的注意與好感，在眾人中顯得出類拔萃。

有位著名的演說家曾經說過：「如果他用盡了種種方法仍然不能喚起聽眾的注意時，最好的辦法是巧妙地惹怒聽眾，這樣無形中便得到了聽眾的注意。並且很有可能有機會將聽眾憤怒的情感轉變為友好和傾慕。」

不過，博取人家的注意，是件冒較大風險的事情。任何單靠吸引人注意以樹立榮譽的方法，都具有危險性。引起人們對自己的好感而不是厭惡，只有這樣，才算是取得了策略上的成功。

老實人在展現風度時，要以誠相待，引人注目，不可虛偽欺世。

謙遜是成功的籌碼

有一個以謙遜聞名於世的人，便是美國南北戰爭時期南方聯盟的戰將傑克森（Thomas Jonathan Stonewall Jackson）。

有人說「天賦的謙遜」是傑克森顯著的特性和優秀的品格。還在西點軍官學校時，他便以謙遜著稱。著名的「石城」戰役，本來是他指揮的，但他卻一再堅持說，功勞應屬於全體官兵，而不屬於他自己。

在他後來的軍旅生涯中，將軍對這位勇敢、謙遜而聰明過人的人，產生了很大好感，在他的手下，傑克森得到了不斷的提拔。

只有目光短淺，胸無大志的人才會時時炫耀自己做了什麼，有時為了凸顯自己，甚至在大眾面前掩飾自己的過失。像傑克森這樣的人物可不是這樣，他能超脫這種淺薄的虛榮。他們深知，人們所樂意接受和尊敬的是謙遜的人。

一個有功績而又十分謙遜的人，他的身價定會倍增。

對於謙遜，我們還要指明一點的是，過度的謙虛並不是一種可取的美德。謙遜與恰當時候的自我特徵相結合，才是老實人獲得成功的途徑之一。

有主見但不要有成見

許多老實人看人看事往往抱有成見。或是先入為主，對人對事做出錯誤判斷；或是憑以往經驗，不了解實際情況，主觀武斷，將人將事「看死了」；或是常常顯得很有主見，深信自己的看法沒有錯，對別人的建議或意見並不在意。日子長了，朋友們就會說這樣的人難於交流、「太固執」、「太武斷」，事業上不好合作，生活中也不容易成為互相信賴、共同幫助的好友。可是當事者本人卻常常感覺不到這些。他們認為：「自己的主見不能堅持，難道做一個沒有主張、沒有頭腦的人才受歡迎嗎？」這樣想，顯然是把「主見」跟「成見」混淆起來了。人不能沒有主見，但是最好將自己的「成見」減少到零。八面玲瓏、毫無原則地待人處世，當然是不足取的，但自以為是，固執己見，也是令人生厭的。

老實人若想要讓自己的主見避免成為令人討厭的成見，就應該明白，生活無時無刻不在變化，周圍的人也沒有一成不變的。

所謂「成見」常常表現為一種結論性的判斷。好像是對一種事物、對一個人寫的評語一般，可是這種結論實際上卻是片面甚至錯誤的，或者早已「失去時效」了。所以，「不要把一個人看死」這句話，既說明事物和人的變化發展，又提醒我們避免抱有成見。簡單而武斷地下結論、做判斷，不但破壞了你與他人的關係，更會讓你自己顯得愚蠢。

學測後填報志願，有親友幫助出主意，無非是什麼科系將來薪水多，什麼領域太辛苦，什麼工作賺不到錢，什麼工作會讓人看不起等等；大學畢業前，有些學生在選擇職業時也很有主張，哪座城市生活舒適、什麼地方待遇好、福利高，什麼公司工作輕鬆等等。其實，有不少人的這種想法和說法，不過是人云亦云，或者是憑自己的一點點有限經驗所做的臆想罷了。人云亦云也是一種成見，臆想出來的結論也是一種成見。有的看法恐怕只會「反受其亂」。對某個地方、某個行業、某個群體、某個人的成見，或多或少地包含在我們的頭腦中，一段時間過後，自己也會覺得它們十分可笑。

千萬不要讓「成見」左右了自己的言行。有時候它會為你在工作上和人際交往中增添始料未及的麻煩。老實人要有主見，但不能有成見，獨立思考，虛心求教，這是你開始獨立與人交往時不能不注意的問題。

吃小虧占大便宜

從最具有功利性的目的而言，吃虧的目的在於占更大的便宜，不計較眼前的得失而著眼於大目標。正如魚餌是為了誘魚上鉤，要得到的是魚，而不是無償地拿魚餌去填飽魚的肚子。

唐代有叫竇乂的商人，善於經營，但財力上有困難。他在京城裡有一塊寶地，與大宦官的宅院相鄰，宦官看中這塊地想得到它。這塊地僅值五六百貫（古代一千文為一貫），竇乂很高興地把這塊地獻給了那位宦官，卻根本沒有提價錢。在討得宦官歡喜之後，他就藉故說自己打算去江淮，希望得到兩三封信給神策軍中的護軍，那宦官便替他寫了信。竇乂藉這些信總共獲利三千貫，從此，他的事業便發達起來。

長安城東郊有一片空地，地勢低窪有積水，竇乂就用低廉的價錢買到手，然後讓侍女帶著蒸餅盤在那塊空地上吸引兒童：「哪個孩子如果扔磚瓦擊中空地上的一個目標，就獎給他一個蒸餅。」小孩們都跑來爭相丟磚瓦與石塊，這樣那片窪地填平了十分之六七。接著又用土墊在上面，在這塊地上蓋起了一個客棧專門留波斯的客商居住，每月能獲利數百貫。

現實中的吃虧主要有兩種，一種是「主動吃虧」，一種是「被動吃虧」。「主動吃虧」是指你主動爭取吃虧的機會，這種機會是指沒有人願意做的事、困難的事、報酬少的事。這些事因為沒有便宜可占，因此大部分人不是拒絕就是不情願，而你卻主動爭取去做，受益人當然對你加倍感激，並將你的這份情誼牢記在心上，以後無論遇到什麼困難，他都有可能幫助你。

最重要的是，在你做事情當中，可以磨練你做事的能力和耐力，這樣一來，你不但懂得比別人多，也進步得比別人快，這是你的一種無形資產，絕對用錢買不到。

「被動吃虧」是指在未被告知的情形下，自己的利益受損了。這時，如果你的損失在你的忍

耐力之內，你應該默默地承擔起來。

人都喜歡占便宜，你吃一點虧，讓他人占一點便宜，那麼你就不會得罪人，人人當你是朋友！而且以人性來說，占你一點便宜的人，通常心裡也會過意不去，只好在恰當的時候回報你，這就是你吃虧之後占到的便宜！

吃虧就是占便宜！尤其是年輕人更應該記住這一點，這是你積累工作經驗，提高自己做事能力，擴大人際關係網路的好辦法。如果樣樣想占小便宜，那最後一定會吃大虧。

想占小便宜拿一點好處，這是人性，問題是聰明人不只你一個，當每個人都想占點小便宜的時候，最終是誰也占不到便宜。

不怕做不到，只怕想不到

毫無疑問，任何人生的進步都應當是思想或者說是想像力推動的結果，因為你不想什麼就不會得到什麼。這是盡人皆知的道理。

窮人想擺脫困境，生活得更好，進而想發財，像富裕人士那樣生活。普通人家也盼望發財致富，渴望有一擲千金的氣概，而富人則想成為全球頂尖首富，或者能攀上政壇的高峰。當然，你思想的可能不只是致富，但你仍然無時無刻不在思索著這樣一個問題——如何才能獲得人生的成功呢？

想像力通常被稱為靈魂的創造力，它是每個人自己的財富，是每個人最可貴的才智。曾有人說過：「想像力統治全世界」。一個人的想像力往往決定了他成功的機率——個人想像力愈豐富，他成功的機會就愈多，反之，就會越少。

在某部喜劇中，一名年輕的英國女性幻想自己是位來自遙遠島國的公主，她甚至創造出獨屬於那個國家的語言、旗幟、服裝及家世。她的儀態、站姿以及高雅細緻的動作，在在說明她出身尊貴。她真的相信她自己是個公主，以致整個鎮上也開始相信她，認為她為小鎮帶來了歡樂和啟示。後來，全倫敦的貴族都學習她的異國原始舞蹈，在她身後排成一長列，模仿她轉身和搖擺的動作。

銀行家也邀請她擔任大使，來籌錢投資小島。一位公爵向她求婚，心想他可以擴充自己的領地及提升他的個人形象。其他婦女們競相模仿她的穿著，很高興有皇室來造訪她們。

接著，劇情急轉直下，一名記者發現這位公主所說的國家根本不存在，她也不是異國貴族，只不過是個來自倫敦的平凡孤兒而已。她在接受這名記者訪問時解釋說：「當我想到自己是這位公主時，我真的變成了她。」最後，所有人的想法都改變了，並且體會到他們需要她繼續扮演這位公主，才能使他們對自己更有自信。記者後來也愛上了她，兩人乘船到了美國，後來，她成了一位名副其實的公主，擁有華麗的宮殿和數不清的財產。

這雖然是個虛構的故事，卻充分地說明了想像力的重要性。心靈力量的開發已經被眾多的成功者接受，並得到了進一步證明。

亨利・福特（Henry Ford）於一八六三年七月生於美國密西根州。他的父親是個農夫，覺得孩子上學是一種浪費。福特的父親認為兒子應該留在農場幫忙，而不是去念書。

自幼在農場工作，使福特很早便對機器產生興趣，於是他用機器去代替人力和牲口的想像與意念便早露端倪。

福特十二歲的時候，已經開始構想要製造一部「能夠在公路上行走的機器」。這個意念盤旋在他的腦海裡，日日夜夜圍繞著他。

旁邊的人都勸說福特放棄他那「奇怪的念頭」，認為他的構想是不切實際的。父親希望兒子做農場助手，但福特卻希望成為一位機械工程師。他用一年多的時間就完成其他人需要三年的機械工程師訓練，從此，這位父親的農場便少了一位助手，但美國卻多了一位偉大的工業家。

福特認為世界上沒有「不可能」這回事。他花了兩年多的時間用蒸汽去推動他構想的機器，但行不通。後來，他在雜誌上看到可以用汽油氧化之後形成燃料以代替照明的煤氣燈，觸發了他的「創造性想像力」，此後，他全心全意投入汽油引擎的研究工作。

福特每一天都在夢想成功地製造一部「汽車」。他的創意被大發明家愛迪生所賞識，愛迪生邀請他當底特律愛迪生公司的工程師，讓他有機會實現他的夢想。

終於，在一八九二年，福特二十九歲時，他成功地製造了第一部汽車引擎。而在一八九六年，也就是福特三十三歲的時候，世界第一部摩托車便問世了。

從一九〇八年開始，福特致力於推廣摩托車，用最低廉的價格，去吸引愈來愈多的消費者。現今的美國，每個家庭都有一部以上的汽車，而底特律則逐漸變成美國的工業城市，成為福特的財富之都。

亨利・福特在取得成功之後，便成了人們羨慕的人物，但他們並不真正知道福特成功的原因。柯維博士（Stephen Covey）後來說過：「也許在每十萬人中有一人懂得福特成功的真正原因，而這少數人通常又恥於談到這點，因為這個成功祕決太簡單了。這個祕訣就是想像力。事實上，在一定程度上，只要能想到就一定能辦到。」

史蒂芬・柯維說：「想像力是靈魂的工廠，每個人的成就都是在這裡鑄造的。」從十二歲的構想，到三十三歲的實現，福特花了二十一年在這「靈魂的工廠」鑄造他的摩托車。以後的日子，福特的想像力便成為一個「金元的工廠」，替他鑄造了天文數字的財富。

不怕做不到，只怕想不到。老實人首先要勇於想像，才有可能改變碌碌無為的一生。

善於揚長避短

有的時候，人的劣勢未必就是劣勢，可能反而成了優勢。

有一個十歲的小男孩，在一次車禍中失去了左臂，但是他的夢想是學習柔道。

最終，小男孩拜一位柔道大師為師，開始學習柔道。他學得不錯，可是練了三個月，師父只教了他一招，小男孩有點弄不懂了。

他終於忍不住問師父：「我是不是應該再學學其他招術？」

師父回答說：「你的確只會一招，但你只需要會這一招就夠了。」

小男孩並不是很明白，但他相信師傅，於是就繼續勤奮地練習。

幾個月後，師父第一次帶小男孩去參加比賽。小男孩自己都沒有想到，居然輕輕鬆鬆地贏了前兩輪。第三輪稍稍有點艱難，但對手還是很快就變得有些急躁，連連進攻，小男孩敏捷地施展出自己的那一招，又贏了。就這樣，小男孩進入了決賽。

決賽的對手比男孩高大、強壯許多，也似乎更有經驗。比賽中小男孩一度顯得有點招架不住，裁判擔心小男孩會受傷，就叫了暫停，打算就此結束比賽。然而師父不答應，堅持說：「繼續下去！」

比賽重新開始後，對手放鬆了戒備，小男孩立刻使出他的那一招，制服了對手，由此贏了比賽，得了冠軍。

回家的路上，小男孩和師父一起回顧每場比賽的每一個細節，小男孩鼓起勇氣道出了心裡的疑問：「師父，我怎麼憑一招就贏得了冠軍？」

師父答道：「有兩個原因。第一，你完全掌握了柔道中最難的一招；第二，就我所知，對付這一招唯一的辦法是對手抓住你的左臂。」

所以，小男孩最大的劣勢變成了他最大的優勢。

我們只要懂得揚長避短就無劣勢可言，再聰明些的話，也可以把劣勢變成特點或優勢。

為自己奪得幾枚「動章」

將軍在穿上正式的禮服時，都會在胸前佩戴各式各樣大大小小的動章。當他們在重要的場合一字排開時，非常壯觀，也令人羨慕。

他們為什麼要佩戴動章？表面上是講求禮貌，說實在一點是享受榮耀。只有立功才有動章可得，立功愈多，動章也就愈多，立功愈大，動章的等級也就愈高。所以光看胸前的動章，你就可以知道這個人的身分和地位，而這個人自然也會受到他人的尊敬和禮遇。

我們不是軍人、警官，但照樣可以拿「勳章」，為自己建立地位與身分，讓別人識別自己，尊敬自己，禮遇自己！

這裡所謂的「勳章」是指工作上的成就或貢獻，雖然這不能像勳章那樣掛在胸前炫耀，讓所有的人都看得到，但在同儕或同事之間，你的成就或貢獻他們都知道，因此也帶有勳章的意義。

作為一個軍人，為國家流血流汗，是他的本分與天職，因此只有戰功赫赫才夠格得到勳章。同理，你把例行工作做好並不奇怪，因為這本來就是你該做的。必須有特殊的表現，也就是做好別人做不到、不敢做，或還沒做的事，這才夠格拿「勳章」。這些事一般來說有下列數種：

一，比別人高的成就。如果你是業務人員，你那讓其他人「可望不可及」的業績就是「勳章」。

二，解決重大的問題。無論是舊問題或新問題，行政問題或財務問題，如果你能解決別人不能解決的問題，你的功勞就是「勳章」。

三，賺大錢的發明或設計。如果你是公司的研發、設計部門的人員，你研發出來的產品讓公司賺大錢，那麼你的成績就是「勳章」！

四，增加所屬單位的榮譽。例如你的貢獻得到政府或民間單位的獎項，你的公司因你而增加曝光率，那麼你的得獎就是你的「勳章」！

如果你能得到上述的「勳章」，那麼你在你的團體裡自然會有一定的地位，別人絕對不敢看輕你，連主管也都要敬你三分，甚至也可容忍、原諒你在其他方面表現的瑕疵。當然，若因得了「勳章」就得意忘形，目中無人，那就不好了，就算你是得「勳章」的能手，這一點也是必須要注意的。

那麼，老實人該如何去得「勳章」呢？

軍人要立功拿勳章需要勇氣、決心、智慧和機遇。同樣，老實人在工作上要拿「勳章」也需要勇氣、決心和智慧，其中尤其勇氣和決心最重要。也就是說，如果你有心去做，並輔以你的智慧，那麼就有可能成一番成就。當然這個過程可能會充滿挫折，好比立功的士兵往往都傷痕累累那般。但只要熬得過，經得起，經驗、見識就會一天天豐富，自然也就造就了拿「勳章」的條件和機會。

在這裡，還需要告訴老實人，拿了「勳章」，不只在你的團體裡會得到尊敬，更可能在團體外的同行之間為人所知，成為你的標誌和形象，這是你日後闖蕩社會很好的本錢。而且，這「勳章」會跟你很長一段時間。但是要注意，時間久了，人們會漸漸忘記你的「勳章」，所以一次又一次地創造功績，佩上一枚又一枚的「勳章」也就成為你的挑戰了。

抱著絕望的心情去努力

永遠都不要絕望。如果做不到這一點的話，那就抱著絕望的心情去努力工作。正所謂，「對於精神不鬆懈、眼光不遊移、思想不走神的人，成功不在話下。」只有持之以恆地按照自己的目標去演練自己，才能將自己造就成自己所希望的人。生下來就一貧如洗的林肯，終其一生都在面對挫敗：八次選舉八次都落選，兩次經商失敗，甚至還精神崩潰過一次。

有好多次他本可以放棄，但並沒有如此，也正因為他沒有放棄，才成為美國歷史上最偉大的總統之一。以下是林肯進駐白宮的歷程簡述：

一八一六年，林肯的家人被趕出了居住的地方，林肯必須工作來撫養他們。

一八三一年，林肯經商失敗。

一八三二年，林肯競選州議員，但落選了！

一八三二年，林肯沒有工作，想去就讀法學院，但進不去。

一八三三年，林肯向朋友借一些錢經商，但年底就破產了，接下來他用十七年才把債還清。

一八三四年，林肯再次競選州議員，這次他贏了！

一八三五年，林肯訂婚後，愛人卻往生了。

一八三六年，林肯精神崩潰，臥病在床六個月。

一八三八年，林肯爭取成爲州議員的發言人——但沒有成功。
一八四〇年，林肯爭取成爲選舉人——失敗了！
一八四三年，林肯參加國會大選——落選了！
一八四六年，林肯再次參加國會大選，這次當選了！前往華盛頓特區，表現可圈可點。
一八四八年，林肯尋求國會議員連任——失敗了！
一八四九年，林肯想在自己的州內擔任土地局長的工作—被拒絕了！
一八五四年，林肯競選美國參議員——落選了！
一八五六年，林肯爭取副總統的提名——得票不到一百張。
一八五八年，林肯再度競選美國參議員——落敗。
一八六〇年，林肯成功當選美國總統。
林肯說：「此路破敗不堪又容易滑倒。我一隻腳滑了一跤，另一隻腳也因而站不穩，但我回過氣來告訴自己：『這不過是滑一跤，並不是死去，我還沒有消失』。」

看準目標，勇於冒險

老實木訥的小青，考上老師後就來到一所國中教物理。說到教書，人們歷來有一種錯覺，認為「百無一用是書生」。殊不知，書生也不是天生無用的，只要具備適當的條件，誰都可以自主創業。

小青在教學過程中很投入，雖具有責任感，但缺少激情：「一眼可以看到自己二十年以後的樣子，日子像一杯溫吞的白開水」。

這樣的日子過了兩年以後他有些坐不住了，揣摩著該如何利用僅剩積蓄創業。沒想到，一位朋友聽了他的想法後笑得抬不起頭來：「你的積蓄要做任何一樁買賣都很困難，還說什麼做一番事業？」朋友的哈哈大笑令他受到了莫大的侮辱。

其實，說是要創一番事業，小青的確沒有想好要做什麼。暑假過後，在全家人和朋友沒有一個人贊同的情況下，小青辭職了，準備先斷了後路再說。

作為一名老師，小青這時候對這些不多的積蓄，到底能做什麼並不清楚，平時對經銷市場又沒有多少研究。

無奈之下，他把自己關在屋子裡整整一個星期，翻遍了所有的報紙、雜誌和看過的書，希望能夠從中找到靈感。結果，這些專案不是投入太多就是需要有個研發過程，完全不適合自己。到了第六天夜裡，小青在心裡默默地同意了其他人的看法，認為自己不是一塊創業的料。

心情不好的小青，猛地拉出抽屜狠狠地摔在地上，想藉此發洩一下心中的不滿，然後直接坐在地上。沒想到，這時候奇蹟出現了——坐下來的地方發出了一種怪聲，就像抽水馬桶抽水時所發生的聲響。仔細一看，原來是父親從美國帶回來的一種吊飾，外觀是馬桶的樣子，拿手一壓，就會發出抽水時的聲音。

突然，小青知道自己該做什麼了。

第二天，小青就去買了一份與精品有關的報章雜誌，從上面的分類廣告中找出幾個可承接製造禮品的工廠的電話，然而聯繫了幾間工廠都不理想，只有一間工廠已經許久沒有生意，所以廠長在電話裡反覆強調只要有一點小小的利潤就可以接。

當小青過去一看，所謂工廠實際上是一個小工作坊。當天晚上，憑著自己學物理的功底，小青很快畫出了設計圖。可是，怎樣才能發出抽水馬桶的聲音來呢？他心裡實在沒有想法。

天亮以後，小青手裡拿著圖紙跑到一個玩具廠，謊稱自己是國中老師，想在課外活動裡教學生一點有用的東西，所以前來請教諮詢。沒想到廠方非常熱情，特地叫來了一個老練的技師進行講解。講解以後才知道，其實這東西非常簡單，只要將聲音類比到一個小模組上就行了。

與此同時，這位技師還熱心地為他介紹了一個生產模組的工廠。小青跑去一看，二話不說就訂了貨。

回到城市以後的第二天，小青就開始跑到各個商場的玩具櫃檯，因為實在不知道這個產品該銷往何處，只好一家一家觀察。

後來經由「高人」指點，這種既沒有商標又沒有誰看見過的「產品」怎麼能夠放在大商場裡賣呢？還是放在私人攤位上代銷最合適。

小青馬上轉向所有小商品的批發市場。結果，這些小老闆們特別感興趣，三天內就訂了一千多個

形勢喜人，小青馬上又向生產廠家追加製作一萬個。對方自然是高興萬分，因為生產批量大了，馬上又主動讓出一些利潤。

就這樣，在不到兩個月的時間裡，小青一共賣出了一萬三千多個馬桶有聲吊飾，除去所有的開支和製作費用，一共賺了數十萬。

後來，小青見好就收，因為有幾個工廠已經在模仿生產這個玩意兒了，市場價格也一下子跌了一大半。

就是憑著這「第一桶金」，小青馬上開始了其他新產品的生產。經過資料分析，小青預測明年的夏天酷暑難熬，所以把這些錢全部投入了「冰枕」產品。

果然這是一個炎熱的夏天，可是由於幾個廠家同時推出這種產品，相互壓價非常厲害。而小青的產品成本相對較低，所以在競爭中取得了優勢。

過沒多久，小青的數十萬元已經變成好幾百萬元！

至此，小青用這幾百萬元成立了自己的商貿公司。冒了一次險以後，小青再也不敢把所有資金全部放在一個專案上了。他陸續開發了五個專案，到了年末就已經賺到了兩千多萬元。

回想自己短短的奮鬥經歷，小青的經驗只有一條，那就是看準目標，勇於冒險。當年人人都預測老實木訥的他不是一塊做生意的料，可是他偏偏成功了，偶然之中存在著必然性。

值得注意的是，善於冒險者，絕不是說一定要把兩隻腳一起踏到水裡試探水的深淺。有句俗語說：「只有傻瓜才會同時用兩隻腳去探測水深。」同樣的，只有笨蛋才會在沒有投資經驗時就孤注一擲。

高明的人不會讓自己的主力暴露在不必要的危險下，但是為了獲得敵情，取得先機，他們會派出小型的偵察部隊深入戰區，設法找出風險最小、效果最大的攻擊策略。

投資的冒險策略亦是如此，在不熟悉的投資環境或狀況不明、沒有把握的情況下，切忌「傾巢而出」，此時以「小」為宜，利用小錢去取得經驗、去熟悉情況，待經驗老到、狀況有把握時，再投入大錢。

俗語說得好，「萬事開頭難」，克服恐懼的最佳良方就是直接去做你覺得害怕的事。冒險既然是投資致富中不可或缺的一部分，就不要逃避，從小的投資做起，鍛鍊自己承擔風險的膽識。有了經驗之後，恐懼的感覺會逐漸消除，在循序漸進地克服小恐懼之後，你可以去面對更

大的風險。很快你將發現，由冒險精神帶給你的歷練，正協助你一步一步接近夢想。

構築理想的社交圈

「社交圈」是現實生活中人們因種種原因自發聯繫起來的一種人際組合。這個群體組合成什麼樣子，不僅由它的所有成員決定，並且還由這些成員之間的關係是建立在什麼樣的基礎上決定的。各種社交圈的構成特點也不盡相同．不僅成員多少不一樣，關係親疏不一樣；人們交流的內容和活動也各有側重，知識、能力和思想水準的層次也高低有別。在這種情況下，對自己和周圍環境進行謀劃，選擇並創造適合個人發展的社交圈，是十分重要的。

參考一下現實生活中人際交往的社交圈，主要有以下四種類型的人際組合。

第一種，情感型組合。

這類組合大都是建立在友情需要的基礎上的，成員之間彼此相悅，一起旅遊，生活上互相照應，精神上互相扶持。相互間感情的依戀使他們平日如膠似漆，一旦分手便會覺得空虛無聊。這種以情感為基礎建立起來的友誼關係，在年齡相對較輕的年輕人中最為常見。

第二，實用型組合。

在社會生活中，人與人之間的交流是透過資訊的交流與溝通來完成的。資訊的交流和溝通可以增進人與人的交流，也可以為人們帶來另一種具有功利作用的實用性人際關係

第三，相似型組合。

相似型組合有三種，一種是因為年齡、學歷、地位、行業、喜好等條件，具有一定程度的一致性；第二種是因為性格、品性的相似；第三種是因為追求的理想、奮鬥的目標相似。心理學研究證明，在人的初次交流中，態度的相同和相似最易引起交往雙方的互相吸引。

第四，互補型組合。

主要是性格上有差異的人互相彌補而形成的組合。我們在日常生活中可以看到，一個性格剛強、行事果斷的人往往和一個性格軟弱的人相處得很好；一個工於心計、處事謹慎的人偏偏有一個心直口快、遇事急躁的好友；一個熱情開朗、交際廣泛的人恰恰有個沉默寡言、不好交際的摯友。這些現象也說明，在人際交流中，相異未必不相交。

以上所概括的四種人際組合的類型，可以說是色彩繽紛的人際關係中最基本的「色素」。一個人對他的人際組合的選擇，別人很難為之做出好與不好，該與不該的結論。但是，每個人都有著自己的具體情況，具體的經驗、學歷、水準、能力，具體的思維方式、長處和短處，以至具體的適合自己發展的方向和目標，因此，我們只有根據個人的實際情況謀劃、籌算，選擇和構築自己的社交圈，才能不致因為缺少人際交往而導致失敗。

扮豬吃老虎

古時有「扮豬吃老虎」的計謀，以此計施於強勁的敵手。在其面前，盡量把自己的鋒芒斂蔽，「若愚」到像豬一樣，表面上百依百順，裝出一副為奴為婢的卑恭，使對方不起疑心，一旦時機成熟，即一舉如閃電般地把對手結束了。

商朝時，紂王因為通宵飲酒，弄不清幾月幾日，問左右的人都說不知道。

紂王又問箕子，箕子悄悄對自己弟子說：「做天下之主而使一國都沒有時間的概念，天下就危險了。一國人都不知時日，只有我知道，我也就危險了。」

於是箕子借酒醉為由推說不知道今天的時日。

如果說箕子「扮豬」是為了不被「虎」吃掉的話，那麼趙國名將李牧「扮豬」是為了「吃虎」。

李牧是趙國北部邊境上．的良將，他曾在雁門任太守，防範匈奴。他因地制宜地設置官吏，從集市上收得的稅收都交給將軍府署，作為部隊的經費。他很關愛士兵，每天殺牛來犒勞士兵。對報警的烽火臺也管理得十分用心，還派了許多密探去探聽匈奴情況。李牧也讓部隊練習騎馬射箭，但是卻規定說：「匈奴要是進犯，我們馬上收兵進入城堡，有誰敢不聽軍令去抓敵人的，就處斬。」

像這樣過了幾年，匈奴認為李牧膽小怯懦，連趙國守國的部隊也認為自己的將軍膽小怯懦。趙王責備李牧，李牧依然如故。趙王生氣了，把李牧召回，派別人來代替他帶兵。一年多後，匈奴兩次來侵犯邊境，新來的將領領兵出戰，但屢次失利，損失了很多士兵、百姓和牛羊，邊境上的百姓不能種田和放牧。

趙王又請李牧出來守護邊疆。李牧在家裡關起門來不外出，堅決推辭說自己有病，不能擔任這一職務。趙王強迫他出來帶兵。李牧說：「您要是一定要起用我的話，我得採取跟先前一樣的辦法，這樣我才敢奉命。」趙王答應了他的要求。

李牧又按照過去的規定辦事，整整一年匈奴一無所獲，然而終究還是認為李牧膽子小。邊境上的將士由於每天得到李牧的賞賜，卻一直沒有機會為他出力，心裡都感到著急，都願意與匈奴決一死戰。於是李牧就選出了戰車一千三百輛，選出了戰馬一萬三千匹，能破敵擒將的戰士五萬人，善射箭的士兵十萬人，指揮他們全部投入作戰演習。李牧讓百姓把牲口都放到城堡之外去放牧，滿山原野都是百姓和牛羊。匈奴有敵人入侵，李牧的軍隊假裝被打敗，讓匈奴士兵搶掠了不少百姓和牛羊。匈奴單于聽說此消息，帶領大隊人馬來侵犯邊境。李牧多次布下了奇特的戰陣，張開左右兩翼的軍隊來攻打敵人，大敗匈奴人，殺死殺傷了十幾萬匈奴騎兵，單于逃跑了。在這以後，有十幾年光景，匈奴不敢靠近趙國的邊境。

李牧採用麻痹敵人的手法，與近代遊擊戰中的「敵進我退、敵疲我打」有著異曲同工之妙。在他的謀劃之下，不僅一戰而勝，並且將威風保持了十幾年。李牧不愧是一個出色的「演員」，老老實實地扮演了幾年的「豬」，最後終於將匈奴這隻「老虎」吃了。可見，不顯才華，不露其才能，是老實人創立大業的一種很好的策略。一旦機會成熟，不鳴則已，一鳴驚人。

第七章　老實人辦事的法寶

專業知識和技能，對於大多數剛從學校裡出來的人並不缺少，缺少的是在社會上處理各種複雜問題和各種複雜關係的辦事能力。所謂辦事能力，就是與他人溝通的能力，以及協調與別人共同完成某項任務的能力。所以，有時在大學裡學習成績一流的學生，參加工作後大多成了學者、教授，而某些學習成績普通的學生在工作一段時間後，卻成了學者、教授的主管。這個反常的社會現象正說明辦事能力和人們常說的「智商」、「情商」有關。

在職場裡，常聽見人們稱讚某人「辦事俐落」、「能辦事」，這種評價無疑是對他才幹的肯定和讚揚，說明這個人已經爲環境所承認和欣賞。

一個人的辦事能力對於成就自己的事業是舉足輕重的。人們生活在這個世界上，置身於社會中，交織在各種矛盾、利益、關係之間。而利益的社會性又決定了人們辦事的難度，因爲每一件事都是對利益的追逐、交涉和競爭。辦事的過程可以看成是一個對利益的求索、角逐和分割的過程。所以，「辦事難」其實就難在對各種社會利益的競爭上。

從一定意義上說，這個世界上的一切，如財富、地位、榮譽等與「幸福」有關的東西似乎都是讓「懂辦事」和「會辦事」的人預備的。

人生成功與失敗的兩種結局，也可說取決於辦事的能力。不同的結果其實源自於不同的辦事方法與技巧。老實人渴望駕馭社會、享受幸福，應從提升辦事能力開始。

認清自己，量力而行

老實人在辦事之前，要先了解自己。而了解自己卻是比較困難的。人不僅要發現自己的潛能，也應該發現自身的不能。只有更好地認清自身的局限，才能對自身的能力做出正確的評價，做到有「自知之明」。

在這個世界上，即便是有很高的辦事能力的人，也不可能做到事事能辦，事事可辦。生活當中，有兩種人辦事經常失敗，一種是因為辦事能力低而失敗，一種是對自身辦事能力估計過高而失敗。如何使自己在辦事過程中立於不敗之地呢？認清自己的辦事能力有多大，無疑是考驗我們辦事能力的基本條件之一。

常言說「有多大的能力，端多大的飯碗」、「七分人辦不了八分事」，可見，我們在準備辦一件事時，必須對自己的辦事能力做出必要的稱量。如不能量力而行，其辦事的結果也就可想而知了。

現代社會分工愈來愈細，每個人在社會上的角色不同，這就對現代人的生存本領提出了更高的要求。人不僅要能夠適應多變的社會角色，還應對自身的角色有一份清醒的認識。

現實中，我們常見到這種現象：與親戚辦事，輩分高的人出面，一般來說比輩分較低的人還要容易一點；在社會上辦事，有社會地位的人出面幫忙，比地位不高的人出面更容易使得事情發展順暢。之所以形成這樣的差異，就在於每個人在社會中的身分與地位的不同。如常言所說，人微言輕，位高權重，就是這樣的道理。

所以，無論是求人辦事還是幫人辦事，我們都必須認清自己的實力，看清憑自己能量，能辦多大的事，能跟什麼樣的人辦事，採取什麼樣的方法和途徑才合適。心裡有譜，辦事才會更有針對性、分寸感，自然地就會減少許多不必要的麻煩與障礙，就更容易達到目的。

依據自己的身分地位辦事，還應有更強的靈活性，依據自己身分地位的變化，隨時調整自己的辦事思想與方法，特別是在以職位優勢取勝的官場中人，更應注意到這點。

在企業中也常有這樣的現象，有些當權者在位時，被下屬眾星捧月，前簇後擁；當他一旦離開了權力，人生狀況便一落千丈，原來在位時一句話就能夠辦到的事情，現在說破了嘴也難以辦成了。這就是社會地位為辦事能力所帶來的變化。

社會地位發生變化，你的辦事能力就會發生變化。明白了這一點，我們就清楚了哪些事不能辦，哪些事能辦，能辦到什麼程度，應採取什麼樣的方法。這樣我們的辦事效率就會明顯提高。

調整自己的期望值

期望值是指人們對自己所做的事情成功程度的一種希望。

人們在有求於人時，都希望自己所想或所做的事獲得成功，但客觀現實又往往不遂人願。有的事成功了，有的事沒有成功；有的事一定意義上或部分地成功了，有的事卻完全辦砸了。

事情成功了，令人興奮；事情沒有成功，讓人懊惱、沮喪。求人辦事前寄予的期望值育人，而一旦事情沒有成功，其失落感就愈強，心理上愈得不到平衡，由此內心的悲傷、痛苦愈強烈。這種狀態，勢必影響工作，妨礙身心健康。

因此，我們在社會交流中，最好調整好自己的期望值，即把期望值調節在最恰當的位置。若能如此，你就可以免受其苦了。

那麼，老實人如何來調整自己的期望值呢？

第一，正確評估自己。

要對自己所想或所做的事以及與之相關的方方面面作出全面、客觀的分析。

孫子云：「知己知彼，百戰不殆。」你對於自己都沒有個正確且客觀的認識，連自己的「底細」都不清楚，怎麼可能獲得成功？

第二，做好心理準備。

穩重成熟的人，做任何事之前都有準備。他們求人辦事，不因事情順利而沾沾自喜、忘乎所以；也不因事情受挫而悲觀失望、牢騷滿腹。我們稱這種人為「心理正常」或「心理健康」。

第三，為自己留條退路。

無論能否達到目的，寧可事先將不利因素估計得嚴重一點。因為，事前尚有應變、迴旋的餘地；事後卻「生米煮成了熟飯」，要想挽救也來不及了。

第四，世上沒有敲定的買賣。

由於老實人對人情世故的把握程度所限，不可能成為萬能的「諸葛亮」，事事算計得精準無差。因此，在實踐中實習，調整自己的行動，十分重要。

在辦事的過程中，及時地根據「此時此地」和「彼時彼地」之情況的變化，來審視和調節自己的期望值，適時地採取相應的變通措施，才可能避免或減少失敗。事變我變，人變我變，不把雞蛋全放在同一個籃子裡。成功的可能性變小了，就後退一步；成功的可能性變大了，就全力爭取。

曾有一位教師，曾辭職經商，與人合夥創辦了一間維修電器和電子產品的商店，經營狀況並不景氣。他立即改變主意，與合作者商談，興建一所電器維修的技術學院，就學者絡繹不絕，不僅受到了群眾的歡迎，而且收入不少，如今經批准已擴大為一所大學。

人們常說「祝你心想事成，萬事如意」等等，作為當事者本人，遇事也總願朝好的方面想。

但一旦行動起來，就不能不從多方面考慮。其中重要一點是調整好自己的期望值，使自己處於正常競爭的心理狀態。這樣，你就少了一分失敗的危險，而多了一分成功的希望！

突破「笨嘴拙舌」的瓶頸

不少人在眾多人面前說話時，表情十分不自然，除了容易怯場之外，還常常說出幾句自己也沒想到的不堪入耳的詞彙，這也令他們自己也大為吃驚。其實，導致這種現象出現的原因主要是缺乏心理準備和實際訓練．透過下列訓練法完全可以克服。

第一，努力使自己放鬆。

在人前說話緊張的人大都是因為說話時呼吸紊亂，氧氣的吸入量減少，頭腦一時陷於停滯狀態，從而不能按照所想的詞語說出來。

從某種意義上說，「呼吸」和「氣息」是一個意思，因而調整呼吸就是「使氣息安靜下來」。說話時全身處於放鬆狀態，靜靜地進行呼吸，在吐氣時稍微加進一點力氣，這樣心就踏實了。此外，笑對於緩和全身的緊張狀態有很好的作用。微笑能調整呼吸，還能使頭腦反應靈活，注意力集中。

第二，掌握一些正向的話題。

在平時應酬中，我們可以隨時注意觀察人們的話題，哪些吸引人，哪些不吸引人？為什麼？原因是什麼？自己開口時，便自覺地練習講述一些能引起別人興趣的，同時避免引起不良效果的話題。

第三，迴避負面的話題。

哪些話題應該避免呢？從你自身來說，首先應該避免你不完全了解的事情。一知半解、似懂非懂、糊裡糊塗地說一遍，不僅不會為別人帶來什麼益處，反而給人留下不懂裝懂的愚蠢印象。若有人就這些對你發起提問而你又回答不出，則更為難堪。其次是要避免你不感興趣的話題。試想連你對自己所談的話題都不感興趣，怎麼能期望對方隨你的話題而興奮起來呢？如果強打精神故意迎合，只能是自受疲累之苦，別人還可能看出你的不真誠。

第四，豐富話題的內容。

有了話題，還得有談下去的內容。內容來自於生活，來自於你對生活的觀察和感受。我們往往可以從一個人的言談看出他豐富的內涵及對生活的熾烈感情。

第五，注意語言方式。

詞意是否婉轉？話題是否恰到好處？言談是否中肯、把握住了要領？口齒是否清晰明白？說話音量大小是否適度？說話速度是否不急不緩？

每一個人都應當仔細思考以上這些問題。雖然，我們在和人應酬交談當中，不可能時時都使對方感到既愉快又有趣，但是訓練有素的談話方法的確能幫你贏得好的印象。在公眾場合與人交談是一種必要的社會交際，像其他社會行為一樣，談話也有一定的規矩，每個有教養的人都應該遵從。

與人談話，哪些可說，哪些不可說，也都有很多講究。這些，有專家將其歸納為以下幾項：不談對方深以為憾的缺點和弱點；不談主管、同事以及一些朋友們的壞話；不談人家的祕密；不談社會景氣好壞之類的話；不談一些荒誕離奇、低俗下流的故事；不詢問女性的年齡、婚姻、家庭等事情；不傾訴個人牢騷；不討論尚未明辯的隱衷是非；避開令人不愉快的疾病詳情；忌誇自己的成就和得意之處。

克服羞怯心理

一說話就臉紅，一笑就捂嘴，一出門就低頭，這是許多天性羞怯的老實人的共同表現。雖然屢下決心改變，但總是不能夠見成效，怎麼辦呢？這裡有一張包治羞怯心理的社交處方，照此辦理吧。

想像自己是完美的化身。這是許多名模、影星在表演之前慣用的方法，同樣適用於職場。面對大客戶或提案前，先靜坐，心中默想曾有的愉悅感受，譬如曾經聆聽的悠揚音樂，愈具體效果愈好，然後以成功者的態度走入房間，昂首闊步，抬頭挺胸，彷彿一切都在你的掌握之中。

大膽表現自我，並持之以恆地鍛鍊。改善外表，穿上一套時尚且得體的衣服，為自己打理一個好看的造型，這些辦法會使你覺得煥然一新，因而增強自信。

在無人的時刻，你也可進行想像練習。想像你正處在最讓自己感到羞怯的場合，然後設想你應該如何應付，這樣在腦海裡把你害怕的場面先經歷一下，有助於臨場表現。

逐漸接近目標，可以減少你的焦慮。掌握害怕的根源和知道害怕時會有的生理反應，如冒冷汗或呼吸急促，當它們出現時你就可以透過一些放鬆的小技巧去克服它。說話時語氣要堅定。沒有自信的人都有說話過於急促、輕聲細語的小毛病。說話的訣竅在於音量適中、語調平穩，速度不緩不急，此舉顯示你對說話的內容信心十足，利用呼吸換氣時斷句，內容則顯得流暢有條理，切忌以疑問句結束陳述事實，以免影響語氣的堅定。

專心傾聽別人的講話，例如在輪到你講話之前，先專心聽別人怎麼講。一來可以分心，不再一心掛念自己；二來當你講話時，別人也會專心聽你的。

多提「問答題」少提「是非題」，可以使你處於主宰的地位。平時多加演練，例如你要出席一個舞會，就在事前先練習一下流行的舞步，可以減少到時出現尷尬。

多找一些你不認識的人談話，例如在排隊買東西時，多與人攀談，可以增加你的膽量和技巧，又不至於在熟人面前出醜。

要避免不利的字眼，例如與其自己對自己說「我感到很緊張」，不如說「我感到很興奮。」

確信一個事實，其實在別人的心目中，你並不像你想像的那樣害羞。設法避免緊張的動作，例如你演講時手會發抖，就把演講稿放在講臺上。

事情做好了，不忘自己慶祝一番，這樣有助於增進你的自信。

老實人應大膽地走出去，多多參加一些活動。多與人接觸，對克服羞怯心理很有幫助。

確信自己一定會成功，摒棄一切不利的想法。要知道，人無完人，不要因為自己的弱點而自怨自艾。

因事制宜

俗話說：「一把鑰匙開一把鎖」，因此對不同的事應採用不同的策略，切不可千篇一律用一種方法去解決所有問題。如果總是這樣，辦起事來就會碰壁。

寓言「守株待兔」告訴人們不要因循守舊，冥頑不靈。不能用過去的經驗去對待變化了和正在變化的事物，要事變道亦變。只有抓住事情的關鍵，隨機而發，才能發而必中。

舉一個歷史上的小故事當作例子。秦王派人去齊國，獻了一副玉連環給齊國的王后，說：「齊國人都很聰明，能解開這副環嗎？」王后二話沒說，取來一把槌子，將玉環砸碎，對使者說：「已經解開了。」王后以非常激烈的手段把這個玉環解開，使我們不難看出她的機智，但更令人稱道的是她那快刀斬亂麻的手段。

非常事情，非常手段，才可以算是非常智慧。

第一，要把握事情的分量。

事情有大有小，有輕有重，如何處理好大小、輕重的關係，這既涉及自身的利益，又涉及到他人及整體大局的利益。所以取捨之間，就應該掂量一下事情的分量，盡量採用舍小取大、棄輕取重的處理原則。這樣，雖然丟掉了小利，但所換取的可能就是大利或大義。

「將相和」中的藺相如之所以能千古流芳，就在於他能忍小辱而顧全國家大義，對事情的分量把握得好。趙國之所以不被他國欺負，就是因為有將相文武二人的威勢。可見，把握好處理事情的分量，不僅利於建立個人關係，對集體對國家也是幸莫大焉。

第二，要把握處理的順序。

處理任何事情都應有輕重緩急之分，有的事發生後，須馬上處理，延誤了時間就可能與預期目標相悖離，或是財產損失愈大，或是身家性命愈危急。有些人際關係的處理，發生之時，立即解決，可能會火上澆油，使事態發展愈嚴重。而冷卻幾日，使當事人恢復理智以後再處理，就可能會大事化小，小事化了。所以，處理事情，掌握處理的順序，對事情的成敗至關重要。

在「將相和」的歷史故事中，如果藺相如在廉頗正氣勢洶洶之時去找他解釋，與他論理，即使藺相如再和顏悅色，平心靜氣，廉頗也可能一句聽不進去。這樣不但不利於解決矛盾，反而極有可能引起新的衝突，使事態擴大。

第三，要把握進退的分寸。

在這個世界上，我們不能永遠獨來獨往。處理自己的事情時，有時也會涉及到別人的利益。因此，我們在處理事情的過程中，必須全盤衡量，把握分寸，協調好各方面的利害關係，在爭取我們自己利益的同時，絕不能傷害他人。

有些事情，不該處理時就不要試圖去處理，一旦處理可能會違法、違情、違理，使自己或別人遭受名譽、經濟或地位的損害。

所以，在處理任何事情時，你都不能貪圖一時之利，一定要慎重考慮可能引起的後果。

因人制宜

處理事情時，若會涉及他人，至少要先分析出對方的幾種狀況，即心理、性別、年齡、文化、職位等，如果不看事情輕重，不分青紅皂白，就難免會冒犯人家，從而事與願違。

以下列舉出幾個需要注意的情況與人事物：

第一，與狡詐陰險的人處理事情。

辦事過程中免不了會遇到這樣的人物，他當面奉承你，轉過身去卻嗤之以鼻；他為了取得你的喝彩，事先送上一兩下掌聲；為了取得你的「庇護」，他低聲下氣地圍著你；他對你心懷不滿，但當面總是笑臉，背後卻到處撥弄是非……這種人物，有著兩張臉皮，有著雙重人格。與這樣的人打交道，你必然會感到艱難。

的確，有些人就是這樣圓滑世故，八面玲瓏，喜愛耍手段，有事沒事就放兩枝冷箭。對此類行為若處理失當，很可能會使交流「觸礁」。

對於這樣的人，老實人在與之辦事的過程中，盡量不要去傷害他的自尊心，不去損害他們如此費心保持著的那個「面具上的自己」，盡量不去得罪他。

與這樣的人辦事，老實人要謹防被他的別有用心所利用。在交流過程中，謹慎地劃出一條原則、界限，剔除那些非原則的、損害他人的成分，抹去那些具有強烈私欲的色彩，在正當的利益上盡量滿足他，使他的自尊心、榮譽感也適當地得到滿足。這樣就可以利用他的能量為自己辦事。

第二，與性格冷淡的人處理事情。

生活中有這樣一些人，我行我素，對人冷若冰霜。儘管你客客氣氣地跟他寒暄、打招呼，他卻總是愛理不理，不會做出你所期待的反應。和這種人打交道，的確讓人感到不自在、不舒服。但出於工作、辦事的需要，我們往往又不得不與他們來往，那麼，在這種情況下，為了維護自己的自尊心，要不要也採取一種相應的冷淡態度呢？

從形式上看，似乎他怎樣對我，我當然可以用同樣的方式去對待他。但是，這種想法是不恰當的。他們的冷淡並不是對你有意見，實際上這是他們本身的性格，儘管你主觀上認為他們的做法使你的自尊心受到傷害，但這絕非是他們本意。因此，你完全不要去計較它，更不要以自己的主觀感受而判斷對方的心態，以至於做出冷淡的回應。這樣，常常會把事情弄得更糟糕。

其實，儘管性格冷淡的人一般說來興趣和愛好比較少，也不太愛和別人溝通，但是他們還是有自己追求和關心的事，所以，老實人與這種人打交道時，不僅不能冷淡，反而應該多花些時間，仔細觀察，注意他的一舉一動，從他的言行中，尋找他真正關心的事。一旦你提到他感興趣的話題，對方很有可能會馬上表現出相當大的熱情。

另外，與這種人打交道，更多的是要有耐心，要循序漸進，要設身處地為他們著想，維護其利益，逐漸使他們去接受一些新的事物，從而改變和調整他們的心態。

第三，與清高傲慢的人處理事情。

在日常交往中，有些人往往自視清高，目中無人，表現出一副「唯我獨尊」的樣子。與這種舉止無禮、態度傲慢的人打交道，實在是一件令人難受的事情。可是，如果我們不得不與這種人接觸，又該怎麼辦呢？

有人說，對這種人就必須以牙還牙。他傲慢無禮，我便故意怠慢他。這種做法在適當的時候也許是必要的，但這只是一種從感情出發的表現。而當我們理性地思考這個問題時，則應該採取某種更適當的交流方式。因為，如果他傲慢，你怠慢，便很可能使交往無法進行下去，這顯然對於雙方都是不利的。所以、我們應該從如何使自己辦事成功的角度出發來選擇自己的行為方式。

對此，最合適的方式有三條：

第一，盡可能地減少與其交往的時間。在能夠充分表達自己的意見和態度，或某些要求的情況下，盡量減少他能夠表現自己傲慢無禮的機會。這樣，對方往往會由於缺少這樣的機會而不得不認真思考你所提出的問題。

第二，語言簡潔明瞭。盡可能用最少的話清楚地表達你的要求。

最後，你還可以邀請這種人從事一些活動。例如邀請他出來喝一杯咖啡，偶爾聊聊彼此的日常，私下聚會唱唱歌等等。當對方在你面前表現出其生活的本色之後，就往往不會再對你傲慢無禮，這樣你就可以從容地與他辦事了。

第四，與沉悶性格的人處理事情

這種性格的人沉默寡欲，性格又極倔強。與他們辦事，人們總會感到沉悶和壓力。特別是對於一些性格比較外向、活躍的人，更是覺得難受。因而，在這種情況下，有些人為了活絡氣氛，打破這種局面，不停找各種話題。其實這是沒有必要的。因為，對於沉默寡言的人來說，他們之所以這樣，可能是出於有某種心事而不願多言。在這種情況下，你應該尊重對方，不要去破壞對方的心境，讓其保持自己的存在方式。相反，你如果故意地找話題，拚命地想方設法與對方交談，只會引起對方的反感和厭惡，甚至使他們更不願意和你在一起。

與這種性格的人辦事，使他開口，可從他的興趣入手。當你以他的興趣作為交談話題時，就能觸動他，進而產生心理相容和語言的共鳴。

另外，你們的話題還可從他的煩惱談起。因為性格沉悶的人大都有較明顯的封閉心理，他們既苦於無人知曉自己的心事，又不情願讓人知曉自己的心事。所以，當你對他的煩惱給予理解，並熱情幫助他解脫時，他往往就會跟你攀談，這樣你就可以跟他進一步接觸了。

第五，與私心較重的人處理事情

絕大部分的人都討厭那種自私自利、只顧自己的人。因為這種人心目中只有自己，凡事都將自己的利益擺在前頭，從不肯有所犧牲。但在日常交流中，遇到這樣的人，該辦事時還得辦事。

自私自利的人儘管心目中只有自己，特別注重個人的得失和利益，但是，他們也往往會因利益而忘我地工作。我們對他們不必有太高的期望，也沒有必要希望他們能夠像朋友那樣以義為重，以情為重。與這種人的交往關係可以僅僅是一種交換關係，做多少事，給予多少報酬；做事的程度好壞不同，利潤也不一樣。人們之所以對這種自私自利的人感到厭惡，在很大程度上都是由於僅僅按社會的道德標準去衡量人，以其作為交往的準繩，這顯然有失公允。而當我們以一種利益標準去作為交往的考量時，你也就不會對他們採取「敬而遠之」的態度了。

從另一個角度看，自私自利的人也常常有他們的特點——精打細算。如果我們能夠透過適當的方式，將他們這種特點運用到合適的地方，也可以發揮其優勢。例如，讓這樣的人做一些財務工作，在有嚴格約束的情況下，他們往往會成為集體的「守財奴」，這樣，豈不是一件好事嗎？

因時制宜

一個人的成功，除了依賴一定的條件之外，機會的作用也是不可忽視的。韓愈的〈與鄂州柳中丞書〉中云：「動皆中於機會，以取勝於當世。」比如一顆價值連城的明珠，深埋於沙礫之下，永遠不會散發光芒，一旦被人掘出，才大放異彩，堪稱瑰寶。辦事成功也一樣離不開機會。

也許有人對此不以為然，他們總認為自己地位的提升是因為自己有某些才能。這種說法，帶有很大的偏見。因為誰都知道，一個人被提升時，首先要有職位。沒有空缺的位置，任你才高八斗，學富五車，也不會被提拔。當然，我們不否認才能在提拔中的作用，只是說，才能與機會相比，畢竟是第二位的原因。君不見，一些才智很高的人，因為沒有空出的職位而懷才不遇；可是，有些才智一般的人，因為有了機遇，也可能順勢被提拔起來。

時機對於人生就是這樣，時機不出現，有時任你費盡九牛二虎力，也不成功；一旦時機出現了，你沒想到會成功，卻反而正中紅心。

就正常而言，大多數機遇，都是努力創造的結果，如下屬主動承擔某項重要工作而獲得了廣為人知的成績，顯露出驚人的才華，從而引起主管的重視、賞識而晉升成功。

所以，要想辦事成功，關鍵的還是靠自己主觀努力來把握住時機。

因地制宜

因地制宜中的「地」包括的內容很多，如社會環境、地域環境、人際環境、辦事的場合等等。為人處事沒有一成不變的規律，必須根據環境要素的變化，隨時變化自己的辦事原則、辦事方法以及言行舉止和態度。

第一，要講究社會環境。

當一種社會風氣形成的時候，如果要維持良好的人際關係，就要彰顯出處理事情的能力。如果逆風而上，與社會風氣和潮流反其道而行之，就會失去朋友，失去幫助。

第二，要講究角色變化。

一個人生存在這個世界上，工作環境與家庭環境是與我們息息相關的。從這個環境走入那個環境，你必須完成角色變換，才能與人和諧相處，才能與人共事。在家庭裡你是丈夫或妻子，父親或母親，到了職場上，你若仍以家庭中的身分去對待別人，那你就得做好被人厭惡的準備。同樣，一個主管，在職場裡你可以對下屬指派工作；若下班以後，你仍以主管的語氣對下屬說話，命令下屬辦事，那麼下屬肯定會討厭你。環境變了，角色身分就要順應而變。

第三，要講究場合變化。

主管批評下屬，也要講究一定的場合，有些情況，你可以指名道姓地公開批評，有些情況，你就得找他私下交談，這樣一來，你尊重他，他自然也會尊重你。

與人辦事，講究場合非常重要。

不屈不撓，以勢取勝

我們辦任何事都希望成功，然而成功卻是汗水澆出來的花，只有那些善於把握時機的人，在對待挫折的態度上始終秉著一種不屈不撓的精神，才能最終達到目的。

一本美國小說裡有這麼一個小故事，小說中的主角大衛有個叔叔，是個農場的主人，擁有不少的僕人。有一天下午，大衛和叔叔在磨坊裡磨麥子，正當他們忙得不可開交的時候，磨坊的門靜靜地被打開了，一個僕人的孩子走了進來。叔父回頭看了看，語氣惡劣地問她：「什麼事？」

那女孩聲清氣朗地回答：「我媽讓我向您借五塊錢。」

「不行！妳回去！」

「是。」女孩率直地應著，卻一點也沒有要離開的意思。

叔叔只專心埋頭工作，根本沒察覺那女孩還站在那兒，等再度抬起了頭，才看到女孩靜靜地候在門口，他頓時暴怒起來，大聲喝斥：「我叫妳回去，妳聽不懂啊！再不走，我會讓妳好看的！」

女孩依舊應了聲：「是。」但卻仍然動也不動地站在那兒。

叔叔氣得火冒三丈，重重放下手上的一袋麥子，順手抓了身邊一枝棍子，氣憤地往門口走去。大衛看到叔叔那副難看的臉色，心想這位小女孩肯定大禍臨頭。

然而，那個女孩毫無懼色，不等叔叔走去，反而迎著叔叔踏前一步，正氣凜然的跟睛眨也不眨地仰視著凶惡的主人，斬釘截鐵地說道：

「我母親說無論如何都要拿到五塊錢！」

局勢一下子變了，叔叔整個愣住了，細細地端詳女孩的臉，緩緩地放下了棍子，從口袋裡掏出五塊錢給了女孩。

女孩拿到錢以後，神情泰然地一步步往門口退去。等她完全走出磨坊，叔叔垂頭喪氣一坐在木椅上，好長一段時間默默不語地望著窗外，思索著事情發生的前因後果。

面對一個暴躁、粗俗、無知、甚至是不講理的對手時，千萬別因此就被對方影響，這時候更需要冷靜、沉著，因為你如果被對方的氣勢所嚇倒，往往就會在恐懼中訂了城下之盟。

小女孩面對凶惡的主人，不被他的氣勢所逼，而是沉著應付，這種神奇力量的發揮，完完全全地挫敗了主人那不可抗拒的銳氣，徹底制服了一個有權有勢的白人，使得他在萬分憤怒的情形之下溫馴下來。這其中不難看出，小女孩獲勝的法寶其實就是她的沉著、大膽以及不屈不

撓。所以說沉著、鎮靜以及不屈不撓是老實人辦好事情的「利劍」。

分清主要與次要，瀟灑辦事

老實人總是根據事情的緊迫感而不是事情的主次來安排先後順序，這樣的做法是被動而非主動的，明智的人一般不會這樣工作。明智的人都是以分清主次的辦法來統籌時間，把時間用在最高回報的地方。

舉個簡單的例子。小芬收到主管的指示，有一份文件要在明天中午會議前完成，並在會議上彙報。然而此時，有另外一名同事請她幫忙製作另一份也是明天中午前要繳交的文件，是要交給其他部門主管的企劃書，並表明事情很緊急，若不能及時完成會使整個部門遭到訓斥。

小芬覺得很困擾，兩份文件都是緊急狀態，該如何做出取捨呢？但其實情況顯而易見，小芬完全可以婉拒這位同事的請求，交給其他部門主管的企劃書並不是小芬的工作範圍，她也無須去理會或是在意為何同事在最後一刻才緊急尋求他人幫忙一起趕工。真正的事情輕重除了是緊急程度以外，更應該要視事情範圍「是否會影響到自己」。雖說同事表明若企劃書趕不出來，整個部門會被指責，但罪魁禍首仍是同事一人，若此時答應幫忙，自己的工作卻無法如期繳交，更糟的情況是最後連同事的企劃書也沒有通過，除了結果一樣悽慘之外，自己也會連帶背負許多莫須有的罪名，不管是其他部門的主管或是自己的主管，都會視自己為「共犯」。

在現實生活中，總是有各種事情爭先恐後地出現，令我們應接不暇。但是請老實人記住，不論事情有多少，永遠是要事第一。先要把當前該辦的事辦好，分清主次，你會在不知不覺中獲得人生的成功。

偉大的蘇格拉底說：「當許多人在一條路上徘徊不前時，他們不得不讓路，讓那些珍惜時間的人趕到他們的前面去。」

抓住癥結點

抓住了癥結點，解決問題就變得容易多了。

小森是一個擁有「思考」習慣的人。他曾經加入某旅遊社從事市場調查，三年以後，某間航空公司出資買下了這間旅遊社，小森則擔任了主管。他由於熟悉業務，並且善於解決經營中的主要問題，使得這家旅遊機構發展成第一流的旅遊公司。

小森的經營能力得到了公司的高度重視，他們決定對小森進一步委以重任。

公司旗下的某民航公司購買了一批噴射民航機，但由於經營不善，連年虧損，最後連尾款也償還不起。後來，小森調任為該公司的總經理。擔任新職的小森充分發揮了擅長分析的能力，上任不久後就抓住了公司經營中的癥結點。小森擔任主管後的一年內，民航公司即轉虧為盈，並獲得了豐厚利潤。

小森是善於思考的典範。聰明人遇到重要的事情時，一定會仔細地考慮，應該把精力集中在哪一方面呢？怎麼做才能使我們的人格、精力與體力不受到損害，又能獲得最大的效益呢？

從重點問題突破，是聰明人思考的習慣之一，因為沒有重點的思考，等於毫無主攻目標。老實人需要養成「思考」的正確方法——抓住重點的習慣。

那些有成就的人都善於找出並設法控制那些最能影響他們工作的重要因素。這樣一來，他們比一般人工作得更為輕鬆愉快。老實人只有抓住重點，才能取得事半功倍的功效。

另闢蹊徑是坦途

一條路苦苦走不通，不妨另闢蹊徑。

另闢蹊徑，不僅能夠使本來複雜的問題變得簡單明瞭，而且會使我們從另一個角度觀察認

識世界，找出創造成就的「捷徑」。可以說它也往往意味著改變傳統的思路。

有個故事，可以明確地告訴我們什麼叫另闢蹊徑。

一個星期六的早晨，有一位牧師在準備第二天的傳教內容，當時外面下著雨，妻子出去買東西，而小兒子又在吵鬧不休，令牧師煩惱不已。

最後，這位牧師撿起一本舊雜誌，一頁頁地翻閱，一直翻到一幅色彩鮮豔的圖畫——是一幅世界地圖。

他從那本雜誌上撕下這一面，再把它撕成碎片，放到地上，對兒子說：「如果你能拼出這些碎片，我就給你一百塊。」兒子答應了。

牧師以為這件事會使兒子花費一上午時間，沒想到，不到十分鐘，兒子就來敲他的房門了。牧師驚愕地看著兒子如此之快地恢復那幅世界地圖。

「孩子，這件事你怎麼做得那麼快？」牧師問道。

「這很容易。在圖畫的背面有一個人的照片。我就把這個人的照片拼成一起，然後把它翻過來。我想，如果這個人是正確的，那麼，這個世界也就是正確的。」

牧師笑了，給了兒子一百塊。「你也替我準備好了明天的傳教內容。」他說：「如果一個人是正確的，那麼他的世界也就會是正確的。」

如果按照常規，要把這些碎片拼成世界地圖，確實需要大半天的時間。可是他兒子卻發現

了一條捷徑，從而省力省時。這不能不算是一個小小的發明，這種方式就叫做另闢蹊徑。

許多人在追求機會的道路上，雖窮盡心力，但終究得不到幸運女神的青睞，對於這種人，最好的勸導就是讓他另闢蹊徑。可惜，許多人並沒有意識到這一點，結果不但沒能得到命運的垂青，反而浪費了自己的大好青春。

老實人要想另闢蹊徑去獲得成功、獲得機會，應該從上述成功的經驗中吸取有益的啟示。首先，要能在平常的事情上思考求變。能夠另闢蹊徑的人，其思維富有創造性，善於從習以為常的事物中求取創新，主動逆襲，去認識世界，改造世界。

其次，要不為現行的觀點、做法、生活方式所牽制。巴爾扎克說：「第一個把女人比作花的是聰明人，第二個再這樣比喻的人，就是庸才了，第三個則是傻子了。」

再次，要留意他人，學習他人，抱著「他山之石可以攻玉」的想法。但一定要有自己獨到的見解，盲目模仿他人的經驗，並不能獲得成功。要養成獨立思考的習慣，自己在觀察事物、觀察別人成功經驗的同時，走出自己的成功之路。

巧妙利用人脈

有的人認識很多人，整天為應付這些關係而叫苦連天。這個苦心經營的人際關係網路貌似很大，但漏洞百出，而且又有許多死結，結果使用起來沒有實績，撒進海裡網不到魚。人的精力是有限的，要學會理順關係網，該增的增，該刪的刪，該修的修，該補的補。

想要擁有各種健全且正向積極的關係，應遵循以下步驟。

第一，篩選。

把那些與自己生活範圍有直接關係和間接關係的人記錄在一個本子上，把沒有什麼關係的人記錄在另一個本子上，就像是劃分一條界線，將那些對於自己「有利」的人較為深刻地記在腦海裡。

第二，分類次序。

要對自己認識的人進行分析，列出哪些人是最重要的，哪些人是比較重要的，哪些人是次要的，根據自己的需求進行分類。

由此，你自然就會明白，哪些關係需要重點維繫和保護，哪些只需要保持一般聯繫和關照，從而決定自己的交際策略，合理安排自己的精力和時間。

第三，對關係好壞進行區別。

生活中一時有難，需要求助於人，有的事情往往涉及到很多方面，你需要很多方面的支援。比如，有些人可以幫助你辦理有關手續，有些人則能夠幫助你出謀劃策，有些人則能為你提供某種資訊。雖然作用不同，但對你都可能是至關重要的，所以一定要有所區分，對各種關係的功能和作用進行分析，把有效的人際關係融入自己的生活之中。

設計「人際關係網」也許不難，但是能讓它發揮效用就沒那麼容易了。掌握人脈一直都是一件需要花費心思的事情，但如若你能掌握並且善加利用，除了能向社會證明你的人脈關係、價值以外，也能夠在必要時刻左右逢源，尋求相關人士的幫忙與支持。

第四，隨時調整人際關係。

世界上的一切事物，都處於不斷的變動、變化和發展之中。我們的人際大小如果不隨著客觀事物的發展而產生變化，就會逐步落後，甚至處於「僵硬」的狀態。因此，一個合理的人際關係之結構，必須是能夠進行自我調節的動態結構。動態原則反映了人際結構在發展變化過程中前後聯繫上的客觀要求。

所以，要不斷檢查、修補關係網，隨著部門調整、人事變動及時調整自己手中的牌，修補漏洞，及時進行分類排隊，不斷從關係中找關係，使自己的人際保持有效。

幫人辦事莫吝嗇

每個人在工作和生活上，難免都會有託人辦事的時候，同樣的，別人也會託你辦事。高明的人會誠懇地把自己融入別人的生活，給予別人善意的幫助，同時也使自己快樂和充實。自私的人卻無視這一點，只知道拚命地從別人那裡索取。事實上，沒有比幫助別人更能表現一個人寬廣的胸懷和慷慨的氣度了。對一個失意的人說一句鼓勵的話，扶起一個跌倒的人，給予一個沮喪的人一份真摯的祝福，你一點損失也沒有，但對一個需要幫助的人來說，卻是莫大的慷慨。

對於一個身陷困境的窮人，一點點錢便可以使他不餓肚子：對於一個執迷不悟的浪子，一次誠懇的交談便可能會使他建立起做人的尊嚴與自信……

老實人在面對別人託自己辦事時，要做到如下幾點。

第一，不吝嗇地伸出援手。

當你正在潛心於某項工作，或止全心投入一份你所熱衷的事業，或沉浸於你所賴以生存的一份工作時，卻受到了來自朋友、親戚、同學或同事的求助等其他事情的干擾，需要你分出時間、分出心思和精力去解決它。

如果你答應這些事，勢必影響你正在進行的工作，你也許會因此而感到不愉快、不甘心。但是如果拒絕了，你也會感到心裡不安，還可能遇到意外的麻煩，譬如遭到別人對你的誤解，受到無謂的攻擊，受到周遭人的冷遇，你同樣會過得不舒服、不愉快。這時該怎麼辦呢？

同事、朋友求助的事，也許只是暫時占去了你的時間，從長遠看，實際上可能並不會對你造成任何損失。你在幫助別人時，你能夠感覺到助人的快樂，同時由於你幫助了別人，方便了別人，因而也獲得了良好的人際關係，這種良好的效應或許你一時無法明顯地感覺到，但是如果你經常給人方便，常替別人分憂解愁，幫助別人，日積月累，你將會結下許多善緣，這將比你當初因幫助別人而損失的一點時間更為重要。

第二，不要急著索要人情。

生活中經常會見到這樣的人，幫了一點忙，就覺得自己有恩於人，於是心懷優越感，高高在上，這種態度是很危險的，常常會引發負面的效應。幫了別人的忙，卻無法增加自己的人際關係，正是因為有這種驕傲得意的態度，讓別人就算受恩於你，也不想再與你有任何瓜個。

不要輕易許下諾言

當一些交情不錯的朋友拜託老實人辦事時，老實人為了保全自己的面子，或為給對方一個臺階，往往對對方提出的一些要求直接接受。但有許多事情並不是你想做就能做到的，有時會受限於條件、能力的制約而心有餘力不足。因此，當朋友提出托你辦事的要求時，你首先應考慮，這件事你是否有能力辦好，如果辦不好，你就應該老老實實地說，「我不行。」隨意誇下海口或礙於情面答應下來都是於事無補的。

某大學的一個系主任，向本系的年輕教授許諾，會讓他們的位置從助理教授升職為副教授。但當他向學校申請名額時，卻出現了問題，學校不能釋出那麼多名額。他據理力爭，還是無法解決問題。他又不肯把情況告訴系上的教授，只對他們說：「放心，放心，我既然答應了，一定要做到。」

最後結果公布了，眾人大失所望。有人當面指著系主任說：「主任，我的副教授職稱呢？你答應的呀。」從此，這位主任在系上的信譽徹底掃地。

其實，這位主任應該把名額的問題告訴大家，誠懇地道歉說：「對不起，我原先沒想到。」並把每次努力爭取的情況也向大家轉述。這樣，即使人們開始有些怪他信口開河，但也會諒解他。

由此看來，有許多諾言是否能兌現，不只是決定於主觀的努力，還有一個客觀條件的因素。因此，我們在工作中，不要輕率許諾。許諾時不要斬釘截鐵地拍胸脯，應留一定的餘地。當然，這種留有餘地是為了不使對方從希望的高峰墜入失望的深谷，而不是給自己不作努力埋契機。

另外，有些人口頭上對任何事都「沒問題」、「一句話，包在我身上」，一口承諾；可是嘴上承諾，腦中遺忘，或腦中雖未遺忘，但不盡力，辦到了就炫耀，辦不到就閉口不談。這種把承諾視作兒戲，是對朋友的不負責行為，遲早得為人所詬病。

輕易對別人許諾，說明你根本就沒考慮事情可能遇到的種種困難。這樣，困難一來，你就只會乾瞪眼，從而給人留下「不守信用」的印象。許諾越多，問題越多。所以，「輕諾」是必然「寡信」的。

我們答應幫別人辦事，先要看自己能不能辦到。對於那些擁有權力的人更應該注意，因為你有權，委託你辦事的人肯定很多，這時你應該擬定一些策略，不能輕易答應別人。有的朋友委託你辦的事可能不符合政策，這樣的事最好不要許諾，要當面跟朋友解釋清楚，不要為朋友留下什麼希望。不然，朋友會認為你不願意幫忙。有的朋友找你辦的事可能不違反政策，但確有難度，就跟朋友清楚說明，這件事的難度很大，只能試試，成不成功很難說。這樣做是為自己留下餘地，萬一辦不成，也會有個交待。

我們在這裡強調不要輕率地對朋友做出許諾，並不是一概不許諾，而是要三思而後行。盡量不說「這事沒問題，包在我身上了」之類的話，給自己留一點餘地。順口的承諾，只是一條會勒緊自己脖子的繩索。

為人處世，應當講究言而有信，行而有果，因此，不可隨意承諾。聰明的人會事先充分地衡量客觀條件，盡可能不做那些沒有把握的承諾。須知，承諾了就必須努力做到，千萬不可因一時情急，亂開「空頭支票」，愚弄對方。因為你一旦食言，對方一定會十分惱火。

萬一因情況有變而無法實現自己原來的承諾，也應向對方說明原委，並誠懇地道歉，以求得對方的原諒和理解。

至於對自己根本沒有能力辦到或不想辦的事情，最好及時地拒絕。拒絕並不是簡單地說一句「辦不到」就行了，而是要講究些藝術，不致傷害對方的自尊，也不損害彼此的關係，這才是最高明的。

電子書購買

國家圖書館出版品預行編目資料

做人太老實，小心被人吃得死死：裝傻、糊弄，才叫大智慧？太精明、想太多，反而不小心誤入陷阱！ / 洪俐芝，江城子 編著 . -- 第一版 . -- 臺北市：崧燁文化事業有限公司 , 2022.08
面； 公分
POD 版
ISBN 978-626-332-592-0(平裝)
1.CST: 個性心理學 2.CST: 自我實現 3.CST: 人生哲學
173.7 111011383

做人太老實，小心被人吃得死死：裝傻、糊弄，才叫大智慧？太精明、想太多，反而不小心誤入陷阱！

臉書

編　　著：洪俐芝，江城子
發 行 人：黃振庭
出 版 者：崧燁文化事業有限公司
發 行 者：崧燁文化事業有限公司
E-mail：sonbookservice@gmail.com
粉 絲 頁：https://www.facebook.com/sonbookss/
網　　址：https://sonbook.net/
地　　址：台北市中正區重慶南路一段六十一號八樓 815 室
Rm. 815, 8F., No.61, Sec. 1, Chongqing S. Rd., Zhongzheng Dist., Taipei City 100, Taiwan
電　　話：(02) 2370-3310　　傳　　真：(02) 2388-1990
印　　刷：京峯彩色印刷有限公司（京峰數位）
律師顧問：廣華律師事務所 張珮琦律師

定　　價：350 元
發行日期：2022 年 08 月第一版
◎本書以 POD 印製